民法 債権関係 改正で見直す

士業者のための 実は危険な 委任契約・顧問契約

北浜法律事務所 編

清文社

はしがき

　2014（平成26）年３月に本書のお話をいただいてからはや４年近くが経過しました。

　民法（債権関係）の改正の動きを契機とし、（主に弁護士以外の）士業の方々に対して委任契約・顧問契約について解説する書籍として執筆を始めましたが、当時の想定よりも成立・公布時期が遅れたことなどから、ようやく、今般出版に至ることとなりました。施行日も、平成32年（2020年）４月１日と決まっています。

　本書は、上記のとおり、弁護士以外の各士業の専門家の方々を主たる読者層と考えていますが、かかる専門家の方々と依頼者との間の委任関係の各場面において、留意すべきこと、契約書に約定しておくべきことなどについて、民法（債権関係）改正に伴う留意点を踏まえて、詳細に解説することを目的としています。

　第１章は委任契約・顧問契約の全般的な説明を、第２章、第３章は民法（債権関係）改正が委任契約・顧問契約に与える影響を、第４章は委任契約書のモデルを解説しています。

　各士業の専門家の方々は、ともすれば、依頼者との契約内容について、あまり留意されていない場合もあるかもしれませんが、依頼者からの要求内容、要求水準、求められる説明の程度は年々高まっていくことが予想されます。かかる状況において、依頼者との間の契約関係の留意点をきちんと理解するとともに、それを適切に契約書に反映する、業務においてもその点を留意しながら実施していくことは重要といえます。

　また、依頼者が高齢となり、意思能力に疑義が生じるケースもありうるところです。このようなケースにおいて、依頼者との委任関係、契約関係

i

を適切に対応するためには、契約の成立・有効性、終了事由などについての確かな理解が必要であるとともに、かかる場合をも見越した事前の対応が必要です。

　各士業の専門家の方々において、今般の民法（債権関係）改正は、依頼者との契約関係を見直していただくとともに、その法律関係を確認していただくのに格好の機会かと思われます。本書がその一助になりましたら望外の喜びであります。

　本書の刊行につきましては、永見俊博氏、對馬大介氏に大変お世話になりました。この場を借りて、深くお礼申し上げます。

　2017年12月

弁護士　中　西　敏　彰

目 次

第1章 委任契約・顧問契約のどこに注意すべきか

第Ⅰ節 委任契約・顧問契約とは……………………………………3

1 依頼者との間の契約の法的性質……………………………………3
（1）各士業の業務内容……………………………………………………3
（2）業務の法的性質………………………………………………………7
2 顧問契約・委任契約について………………………………………8
3 委任の法的性質………………………………………………………9
（1）諾成契約──契約書の作成は不可欠ではないこと………………9
（2）無償契約──報酬請求には特約が必要なこと……………………9
（3）継続的契約──解除の効果が将来効であること…………………11

第Ⅱ節 委任とその他の契約との比較…………………………12

1 委任契約と雇用………………………………………………………12
2 委任契約と請負………………………………………………………12
3 委任との区別…………………………………………………………13

| 第Ⅲ節 | 民法改正による影響 ································· 14 |

| 第Ⅳ節 | 契約締結（成立）における注意点 ················· 15 |

1 依頼者の意思能力 ····································· 15
2 説明義務 ··· 16

| 第Ⅴ節 | 委任契約・顧問契約を締結することによる
受任者の義務 ······································· 17 |

1 善管注意義務 ··· 17
（1）善管注意義務の内容について ····················· 17
（2）依頼者から指図があった場合 ····················· 18
（3）無償の場合 ··· 18
2 自己執行義務 ··· 19
3 報告義務 ··· 19
4 受取物の引渡義務等 ·································· 20
5 受任者の金銭の消費についての責任 ················ 21
6 消費者契約法との関係 ······························· 21
（1）消費者契約法8条 ··································· 21
（2）消費者契約法10条 ·································· 24

| 第Ⅵ節 | 委任契約・顧問契約を締結することによる
受任者の権利 ······································· 25 |

1 報酬請求権 ··· 25
2 費用の前払請求権 ···································· 25
3 費用等の償還請求権等 ······························· 26

（1）費用償還請求権 …………………………………………… 26
（2）代弁済請求権 ……………………………………………… 27
（3）損害賠償請求権 …………………………………………… 27

第Ⅶ節 委任契約の終了 ……………………………………… 29

1 委任の解除 …………………………………………………… 29
2 委任の終了事由 ……………………………………………… 29
3 委任の終了後の処分 ………………………………………… 30
4 委任の終了の対抗要件 ……………………………………… 31

第2章 民法改正が委任契約・顧問契約に与える影響（総則・債権総論）

第Ⅰ節 代理——依頼者に代理人がいる場合に注意すべき点 ……35

1 代理人の行為に瑕疵があった場合（民法第101条関係）……… 35
（1）改正法の内容 ……………………………………………… 35
（2）委任契約・顧問契約に与える影響 ……………………… 37
2 代理人の行為能力に問題があった場合（民法第102条関係）… 39
（1）改正法の内容 ……………………………………………… 39
　　　Q2-1　制限行為能力者 ……………………………………… 40
（2）委任契約・顧問契約に与える影響 ……………………… 40
3 代理人自身と契約をする場合及び代理人が当事者双方を
　　代理する場合 ………………………………………………… 42
（1）改正法の内容 ……………………………………………… 42
　　　Q2-2　「代理人と本人との利益が相反する行為」とは ……… 43

（2）委任契約・顧問契約に与える影響 …………………………………… 44
4 代理人が代理権を濫用した場合 ………………………………………… 45
（1）改正法の内容 ……………………………………………………………… 45
（2）委任契約・顧問契約に与える影響 …………………………………… 46
> Q2-3　相手方の過失について ……………………………………… 47

5 代理権限を有している外観がある者（表見代理人）が行った
行為について（民法第109条、第112条関係）………………… 47
（1）改正法の内容 ……………………………………………………………… 47
> Q2-4　無権代理人が本人を名乗った場合 ……………………… 49

（2）委任契約・顧問契約に与える影響 …………………………………… 50
> Q2-5　「過失によって知らなかったとき」とは ……………… 52
> Q2-6　「過失によってその事実を知らなかったとき」とは … 52
> Q2-7　「代理権があると信ずべき正当な理由があるとき」とは … 53

6 代理人に代理権限がなかった場合（無権代理人）の責任
（民法第117条関係）………………………………………………………… 54
（1）改正法の内容 ……………………………………………………………… 54
（2）委任契約・顧問契約に与える影響 …………………………………… 55

第Ⅱ節　無効及び取消し――依頼者が認知症であった場合に注意すべき点 ………………………………………………………………… 57

1 契約（法律行為）が無効である場合または取り消された
場合の効果 …………………………………………………………………… 58
（1）改正法の内容 ……………………………………………………………… 58
> Q2-8　給付された物が返還できない場合 ……………………… 59

（2）委任契約・顧問契約に与える影響 …………………………………… 59
2 取り消すことができる契約（行為）の追認（民法第124条関係）…… 60
（1）改正法の内容 ……………………………………………………………… 60

Q2-9	取消しの原因となっていた状況の消滅について	62

（2）委任契約・顧問契約に与える影響 ……………………………… 62

第Ⅲ節　消滅時効──報酬はいつまで請求できるか、契約に基づく義務はいつまで負うのか …… 63

1 債権の消滅時効はいつから起算して何年間で消滅するのか ……… 63

（1）改正法の内容 ……………………………………………………… 63

❶ 消滅時効の期間及び起算点 ……………………………………… 63

Q2-10	消滅時効の主観的起算点	64
Q2-11	消滅時効の客観的起算点	65
Q2-12	消滅時効の援用	66

❷ 職業別の短期消滅時効の廃止 …………………………………… 67

Column　その他の消滅時効の改正 ………………………………… 69

（2）委任契約・顧問契約に与える影響 ……………………………… 71

Q2-13	委任に基づく債権の消滅時効期間	71

2 時効の完成が猶予される場合（完成猶予）と、時効期間がリセットされる場合（更新） ………………………… 72

（1）改正法の内容 ……………………………………………………… 72

Q2-14	時効の「完成猶予」と「更新」	78
Q2-15	再度の催告の効力	79
Q2-16	協議による時効の完成猶予	79

（2）委任契約・顧問契約に与える影響 ……………………………… 81

第Ⅳ節　法定利率──契約書に利率を定めていなかった場合の利率 …………………………………………… 82

1 法定利率が変動制に（民法第404条関係） …………………………… 82

（1）改正法の内容 ……………………………………………………… 82

- ❶ 法定利率 ··· 82
- ❷ 金銭債務の特則 ··· 84
- （2）委任契約・顧問契約に与える影響 ···································· 84
  - Q2-17　不可抗力の抗弁の可否 ·· 85
  - Q2-18　報酬債務の不履行と遅延損害金 ····························· 86
- **2** 中間利息控除 ··· 87
- （1）改正法の内容 ··· 87
- （2）委任契約・顧問契約に与える影響 ···································· 87

第Ⅴ節　債務不履行による損害賠償——委任契約・顧問契約によりいかなる責任を負うのか ··············· 88

- **1** 債務の履行に代わる損害賠償の要件 ···································· 88
- （1）改正法の内容 ··· 88
  - Q2-19　履行不能による損害賠償請求 ································ 89
  - Q2-20　履行拒絶による損害賠償請求 ································ 90
  - Q2-21　解除などによる損害賠償請求 ································ 91
- （2）委任契約・顧問契約に与える影響 ···································· 92
  - Q2-22　委任契約における履行不能 ·································· 92
- **2** 履行遅滞中に履行が不能となった場合 ································· 93
- （1）改正法の内容 ··· 93
  - Q2-23　履行遅滞中の履行不能 ·· 94
- （2）委任契約・顧問契約に与える影響 ···································· 94
- **3** 損害賠償の範囲（民法第416条関係） ································· 95
- （1）改正法の内容 ··· 95
  - Q2-24　「損害」の概念 ··· 96
  - Q2-25　損害賠償の範囲 ·· 97
- （2）委任契約・顧問契約に与える影響 ···································· 98

| | Q2-26 | 委任契約における通常損害、特別損害 | 98 |

4 過失相殺（民法第418条関係） 99
（1）改正法の内容 99
| | Q2-27 | 過失相殺の要件 | 100 |

（2）委任契約・顧問契約に与える影響 101

5 賠償額の予定（民法第420条第1項関係） 102
（1）改正法の内容 102
| | Q2-28 | 賠償額の予定がなされている場合における裁判所による賠償額の増減 | 103 |

（2）委任契約・顧問契約に与える影響 103
	Q2-29	著しく過大な賠償額の予定	103
	Q2-30	著しく低廉な賠償額の予定	104
	Q2-31	賠償額の予定と過失相殺	105

第Ⅵ節　契約の解除——委任契約・顧問契約を終了させるためにはどうすればいいか 107

1 催告した上で解除する場合（催告解除）（民法第541条関係） 107
（1）改正法の内容 107
（2）委任契約・顧問契約に与える影響 109
| | Q2-32 | 催告の方法について | 110 |
| | Q2-33 | 債務の不履行が軽微であるときについて | 111 |

2 催告なく解除する場合（無催告解除）（民法第542条・第543条関係） 112
（1）改正法の内容 112
（2）委任契約・顧問契約に与える影響 114
| | Q2-34 | 履行不能について | 115 |
| | Q2-35 | 契約の一部解除について | 115 |

3 債権者に帰責事由がある場合の解除の可否 ……………………… 116
（1）改正法の内容 ………………………………………………………… 116
（2）委任契約・顧問契約に与える影響 ………………………………… 117
　　Q2-36　帰責事由について ……………………………………… 117
　　Q2-37　委任契約における解除 ………………………………… 118

4 契約を解除した場合の効果（解除の効果）
（民法第 545 条第 2 項関係）……………………………………………… 119
（1）改正法の内容 ………………………………………………………… 119
　　Q2-38　解除の効果—果実について ………………………… 120
（2）委任契約・顧問契約に与える影響 ………………………………… 120
　　Q2-39　解除された場合の受任者の報酬 ……………………… 121
　　Q2-40　委任契約の解除の効果——果実 ……………………… 121

第Ⅶ節　受領遅滞——依頼者が委任事務の履行を拒む場合 …… 122

1 保存義務の軽減 …………………………………………………………… 122
（1）改正法の内容 ………………………………………………………… 122
　　Q2-41　保存義務の軽減 ………………………………………… 124
（2）委任契約・顧問契約に与える影響 ………………………………… 124

2 受領遅滞により履行の費用が増加した場合 ………………………… 125
（1）改正法の内容 ………………………………………………………… 125
（2）委任契約・顧問契約に与える影響 ………………………………… 125
　　Q2-42　履行費用の債権者負担 ………………………………… 126

3 受領遅滞中に履行が不能となった場合 ……………………………… 126
（1）改正法の内容 ………………………………………………………… 126
（2）委任契約・顧問契約に与える影響 ………………………………… 127

| 第Ⅷ節 | 契約上の地位の移転——契約を第三者に引き継がせる場合 | 128 |

1 改正法の内容 ··· 128
2 委任契約・顧問契約に与える影響 ····································· 129
　　Q2-43　契約上の地位の移転が行われる場面について ········· 130

| 第Ⅸ節 | 定型約款——定型取引がされる場合 | 131 |

1 改正法の内容 ··· 132
2 委任契約・顧問契約に与える影響 ····································· 134

| 第3章 | 民法改正が委任契約・顧問契約に与える影響（委任各論） |

| 第Ⅰ節 | 受任者の自己執行義務——復受任者を選任できる場合とはどのような場合か | 139 |

1 改正法の内容 ··· 139
（1）復受任者を選任できる場合とは——「委任者の許諾を得たとき」
　　か「やむを得ない事由があるとき」だけ ····························· 140
（2）受任者が選任した復受任者と依頼者との関係 ··················· 140
　　Q3-1　復受任者を選任した場合の受任者の責任について ···· 142
　　Q3-2　履行補助者の使用について ···································· 143
2 委任契約・顧問契約に与える影響 ····································· 144

| 第Ⅱ節 | 報酬に関する規律——報酬の請求時期と委任事務を処理することができなくなった場合等の報酬の請求 | 145 |

1 報酬の支払時期 ……………………………………………………… 145
（1）改正法の内容 ……………………………………………………… 145
  Q3-3　成果完成型の委任契約について ……………………… 147
  Q3-4　成果完成型の委任契約と請負契約との違いについて …… 147
（2）任意規定であること ……………………………………………… 148
（3）委任契約・顧問契約に与える影響 ……………………………… 149
2 委任事務を処理することができなくなった場合等の報酬請求権 …… 149
（1）改正法の内容 ……………………………………………………… 149
（2）任意規定であること ……………………………………………… 151
（3）委任契約・顧問契約に与える影響 ……………………………… 151
（4）改正法648条2・3項及び648条の2との関係 ………………… 151
  **Q3-5　委任契約が中途で終了した場合における
　　　　　報酬の特約について** …………………………………… 153
  **Q3-6　委任契約が中途で終了した場合における
　　　　　費用負担について** …………………………………… 154

第Ⅲ節　委任契約の任意解除権 …………………………………… 155

1 改正法の内容 ……………………………………………………… 155
2 任意解除権を放棄する合意をすることの留意点 ………………… 156
3 解除の方法 ………………………………………………………… 157
  Q3-7　委任者の損害賠償義務について …………………… 157
  Q3-8　不利な時期の解除について ………………………… 158
  Q3-9　やむを得ない事由による解除について …………… 158
4 委任契約・顧問契約に与える影響 ……………………………… 159

第4章 委任契約書

第Ⅰ節 契約書作成の有用性 …………………………………… 163

1 契約書作成の目的 ……………………………………………… 163
2 依頼者の能力に問題が生じた場合 …………………………… 164
3 民法のデフォルト規定の変更の必要性 ……………………… 165

第Ⅱ節 専門家の説明義務及び善管注意義務 ………………… 167

1 はじめに ………………………………………………………… 167
2 専門家の説明義務・善管注意義務違反が問題となった
    裁判例の紹介 …………………………………………………… 168
（1）税理士の善管注意義務違反を認めた裁判例 ………………… 168
（2）税理士の助言・指導義務違反を認めた裁判例 ……………… 169
（3）税理士の法令調査義務違反を認めた裁判例① ……………… 169
（4）税理士の法令調査義務違反を認めた裁判例② ……………… 171
（5）不正を看過した会計監査人の責任を認めた裁判例 ………… 171
（6）弁護士の説明義務違反を認めた裁判例 ……………………… 172
（7）司法書士の説明義務違反を認めた裁判例 …………………… 173
3 専門家の説明義務 ……………………………………………… 173

第Ⅲ節 委任契約書条項案 ……………………………………… 176

1 業務の目的と範囲 ……………………………………………… 176
2 委任期間 ………………………………………………………… 176

3	報酬	178
4	利率	180
5	費用の前払、償還請求	181
6	受取物の引渡し	181
7	秘密保持	182
8	業務実施者	184
9	事件処理の中止	186
10	反社排除条項	186
11	中途解約	188
12	終了事由	189
13	解除事由	190
14	損害賠償	191
15	個人情報の取扱い	192
16	不可抗力条項	193
17	譲渡禁止条項	194
18	管轄裁判所	194
19	誠実協議義務	195

第Ⅳ節　民法改正に伴う既存契約見直しのチェックポイント … 196

1	業務の目的と範囲	196
2	報酬	196
3	遅延損害金	197
4	業務実施者	197

■　参考　委任契約書例 …………………………………… 198

資 料

■ 改正民法（平成29年法律第44号）（抜粋） ……………………………… 205
■ 改正消費者契約法（平成29年法律第45号）（抜粋） ………………… 229

索引 ……………………………………………………………………………… 231

[凡　例]

■法令名等の略記

　民法（現行）……………………………………………民
　改正民法（平成29年法律第44号）……………………改正法
　消費者契約法（現行）…………………………………消契法
　改正消費者契約法（平成29年法律第45号）…………改正消契法
　民法（債権関係）の改正に関する中間試案…………中間試案
　法制審議会民法（債権関係）部会　部会資料………部会資料

■判例集の略記

　民集……………最高裁判所民事判例集
　大民集…………大審院民事判例集
　民録……………大審院民事判決録
　裁判集民事……最高裁判所裁判集民事編
　下民集…………下級裁判所民事裁判例集
　裁判集民………最高裁判所裁判集民事編
　判決全集………大審院判決全集
　判時……………判例時報
　判タ……………判例タイムズ
　評論全集………法律学説判例評論全集
　金法……………旬刊金融法務事情
　LEX／DB………TKC法律情報データベース「LEX／DBインターネット」

＊　本書は平成29年12月1日現在の情報をもとに作成されています。

第1章

委任契約・顧問契約のどこに注意すべきか

第Ⅰ節　委任契約・顧問契約とは

1　依頼者との間の契約の法的性質

（1）各士業の業務内容

　公認会計士、税理士、弁護士、司法書士、行政書士、社会保険労務士、弁理士など、いわゆる「士業」と呼ばれる職業の人々が、依頼者から仕事を受任する場合に作成する契約書には、「委任契約書」「業務委託契約書」「顧問契約書」などがあり、士業者が依頼者と結ぶ当該契約の法的性質は、通常は「委任」または「準委任」と解されます。

　公認会計士、税理士、弁護士、司法書士、行政書士、社会保険労務士、弁理士など、いわゆる士業の業務のうち主なものを挙げると、次の図表のとおりとなります。

職　種	主たる業務
公認会計士	●他人の求めに応じ報酬を得て、財務書類の監査または証明をすること（公認会計士法2Ⅰ） ●公認会計士の名称を用いて、他人の求めに応じ報酬を得て、財務書類の調製をし、財務に関する調査もしくは立案をし、または財務に関する相談に応ずること（同条Ⅱ）
税理士	●他人の求めに応じ、租税に関し、次に掲げる事務を行うこと（税理士法2Ⅰ）

	① 税務代理 ② 税務書類の作成 ③ 税務相談 ● 税理士の名称を用いて、他人の求めに応じ、税理士業務に付随して、財務書類の作成、会計帳簿の記帳の代行その他財務に関する事務を行うこと（同条Ⅱ）
弁護士	● 当事者その他関係人の依頼または官公署の委嘱によって、訴訟事件、非訟事件及び審査請求、再調査の請求、再審査請求等行政庁に対する不服申立事件に関する行為その他一般の法律事務を行うこと（弁護士法3Ⅰ） ● 弁理士及び税理士の事務（同条Ⅱ）
司法書士	● 他人の依頼を受けて、次に掲げる事務を行うこと（司法書士法3Ⅰ） 　① 登記または供託に関する手続について代理すること 　② 法務局または地方法務局に提出等する書類または電磁的記録を作成すること 　③ 法務局または地方法務局の長に対する登記または供託に関する審査請求の手続について代理すること 　④ 裁判所もしくは検察庁に提出する書類または筆界特定の手続において法務局もしくは地方法務局に提出しもしくは提供する書類もしくは電磁的記録を作成すること 　⑤ ①〜④の事務について相談に応ずること 　⑥ 簡易裁判所における一定の手続について代理すること 　⑦ 民事に関する紛争（簡易裁判所における民事訴訟法の規定による訴訟手続の対象となるものに限る）であって紛争の目的の価額が法定の額を超えないものについて、相談に応じ、または仲裁事件の手続もしくは裁判外の和解について代理すること 　⑧ 法令の定める条件の範囲内の筆界特定の手続の相談に応じ、または代理すること
行政書士	● 他人の依頼を受け報酬を得て、官公署に提出する書類その他権利義務または事実証明に関する書類を作成すること

		（行政書士法1の2Ⅰ） ● 他人の依頼を受け報酬を得て、次に掲げる事務を行うこと（同法1の3Ⅰ） 　① 同法1条の2の規定により行政書士が作成することができる官公署に提出する書類を官公署に提出する手続及び当該官公署に提出する書類に係る許認可等に関して行われる聴聞または弁明の機会の付与の手続その他の意見陳述のための手続において当該官公署に対してする行為について代理すること 　② 同法1条の2の規定により行政書士が作成した官公署に提出する書類に係る許認可等に関する審査請求、再調査の請求、再審査請求等行政庁に対する不服申立ての手続について代理し、及びその手続について官公署に提出する書類を作成すること 　③ 同法1条の2の規定により行政書士が作成することができる契約その他に関する書類を代理人として作成すること 　④ 同法1条の2の規定により行政書士が作成することができる書類の作成について相談に応ずること
社会保険労務士		● 次に掲げる事務を行うこと（社会保険労務士法2） 　① 社会保険労務士法別表第1に掲げる労働及び社会保険に関する法令（労働社会保険諸法令）に基づいて申請書等を作成すること 　② 申請書等について、その提出に関する手続を代わってすること 　③ 労働社会保険諸法令に基づく申請、届出、報告、審査請求、再審査請求その他の事項（申請等）について、または当該申請等に係る行政機関等の調査もしくは処分に関し当該行政機関等に対してする主張もしくは陳述について、代理すること 　④ 所定のあっせんの手続及び調停の手続について、紛争の当事者を代理すること 　⑤ 個別労働関係紛争に関するあっせんの手続につい

	て、紛争の当事者を代理すること ⑥　個別労働関係紛争に関する民間紛争解決手続であって、個別労働関係紛争の民間紛争解決手続の業務を公正かつ適確に行うことができると認められる団体として厚生労働大臣が指定するものが行うものについて、紛争の当事者を代理すること ⑦　労働社会保険諸法令に基づく帳簿書類を作成すること ⑧　事業における労務管理その他の労働に関する事項及び労働社会保険諸法令に基づく社会保険に関する事項について相談に応じ、または指導すること
弁理士	●他人の求めに応じ、特許、実用新案、意匠もしくは商標または国際出願、意匠に係る国際出願もしくは商標に係る国際登録出願に関する特許庁における手続及び特許、実用新案、意匠または商標に関する行政不服審査法の規定による審査請求または裁定に関する経済産業大臣に対する手続についての代理ならびにこれらの手続に係る事項に関する鑑定その他の事務を行うこと（弁理士法4Ⅰ） ●他人の求めに応じ、次に掲げる事務を行うこと（同条Ⅱ） 　①　関税法69条の3第1項及び69条の12第1項に規定する認定手続に関する税関長に対する手続ならびに同法69条の4第1項及び69条の13第1項の規定による申立てならびに当該申立てをした者及び当該申立てに係る貨物を輸出し、または輸入しようとする者が行う当該申立てに関する税関長または財務大臣に対する手続についての代理 　②　特許、実用新案、意匠、商標、回路配置もしくは特定不正競争に関する事件または著作物に関する権利に関する事件の裁判外紛争解決手続であって、これらの事件の裁判外紛争解決手続の業務を公正かつ適確に行うことができると認められる団体として経済産業大臣が指定するものが行うものについての代理 ●弁理士の名称を用いて、他人の求めに応じ、次に掲げる事務を行うこと（同条Ⅲ）

	① 特許、実用新案、意匠、商標、回路配置もしくは著作物に関する権利もしくは技術上の秘密の売買契約、通常実施権の許諾に関する契約その他の契約の締結の代理もしくは媒介を行い、もしくはこれらに関する相談に応ずること ② 外国の行政官庁またはこれに準ずる機関に対する特許、実用新案、意匠または商標に関する権利に関する手続に関する資料の作成その他の事務を行うこと ③ 発明、考案、意匠もしくは商標、回路配置または事業活動に有用な技術上の情報の保護に関する相談に応ずること

(2) 業務の法的性質

　民法には、典型契約として、贈与、売買、交換、消費貸借、使用貸借、賃貸借、雇用、請負、委任、寄託、組合、終身定期金、和解が規定されていますが（第3編債権第2章契約）、このうち「委任」とは、当事者の一方が法律行為をすることを相手方に委託し、相手方がこれを承諾することによって、その効力を生ずるものです（民643）。これに対し、法律行為でない事務を委託することを「準委任」といいます（民656）。つまり、法律事務を委託する場合が委任、それ以外の事務を委託する場合が準委任となります。

　そして、上記で見た士業の業務内容からすれば、法律事務かそれ以外の事務を受託する業務といえる場合が多いと思われます。

　例えば、公認会計士の監査契約の法的性質については争いがあり、①準委任契約説、②請負契約説、③無名契約（典型契約以外の契約）説ないし混合契約（上記典型契約や無名契約など、複数の契約の性質を有する契約）説がありますが、①の準委任契約説が通説とされています[1,2]。また、税理士の顧問契約については、委任及び準委任の複合契約、あるいは委任契約と解

されています[3]。しかし、具体的業務の内容によっては、ある仕事の完成を目的とする請負的な性質を有している場合も考えられます。

契約書作成の際には、受託される業務の性質が委任または準委任か請負なのか混合的な内容なのかについては、意識しておくことをおすすめします。

なお、準委任については、委任に関する規定が準用されますので、委任と準委任とを厳密に区別する実際的意義は認められません。

2 顧問契約・委任契約について

顧問という言葉は相談することなどの意味であることから（英語では、一般的に「consultant」「adviser」などと訳されています）、顧問契約書の形式で契約するのは、各種相談業務を中心とした一定のサービスを提供し、その対価として、毎月一定額を顧問料として受領する契約であることが多いでしょう。また、実際の相談時間に応じて顧問料を変動させることもあるでしょうし、一定時間までは固定の顧問料、一定の時間を超えると超えた時間分だけ別途請求することもあるでしょう。

このような顧問契約は、法律事務かそれ以外の事務を受託する業務といえるため、委任契約または準委任契約（少なくとも、かかる性質が強い契約）と解されます。

一方、委任契約書、業務委託契約書とする場合は、個別の具体的業務の依頼を受ける場合が多いでしょう。この場合も、報酬または業務委託料として、一定の金額を合意しておく場合もあれば、タイムチャージ方式にして、委託を受けた作業に要した時間に応じて（場合によっては上限額を決め

---

1 川井健編『専門家の責任』（日本評論社、1993年）307頁
2 山川一陽他編『専門家責任の理論と実際―法律・会計専門家の責任と保険』（新日本法規出版、1994年）216頁
3 長野県弁護士会編『説明責任―その理論と実務』（ぎょうせい、2005年）255頁

て）報酬を受領する場合もあると思います。また、業務委託契約書という名称の場合であっても、実質的には請負としての性質を有していることもあります。当事者の一方がある仕事を完成することを約し、相手方がその仕事の結果に対してその報酬を支払うことを約することによって、その効力を生ずるのが請負ですが（民632）、受託した業務が仕事の完成を目的としており、報酬もその仕事の結果に対して支払われる場合は請負としての性質が強いといえます。

本書は、そのうち、委任としての性質を有する契約について論ずることとします。

3 委任の法的性質

（1）諾成契約——契約書の作成は不可欠ではないこと

委任とは、**1**(**2**)のとおり、当事者の一方が法律行為をすることを相手方に委託し、相手方がこれを承諾することによって、その効力を生ずるものであり（民643）、委任契約の成立には必ずしも書面を作成する必要はありません（諾成契約）。したがって、契約書を作成していない場合であっても、委任契約が成立していると評価できる場合があります（もっとも、契約書作成の利点については第4章を参照してください）。

（2）無償契約——報酬請求には特約が必要なこと

現行民法において、委任契約は特約がなければ報酬を請求できない（無償契約）とされているところ（無償性の原則。民648Ⅰ）、当該条項については今日の取引に適合しないと考えられるため、削除が検討されていましたが（中間試案70頁）、結局は削除されず、現行民法のとおりとなりました[4]。したがって、受任者が依頼者に対して報酬を請求するためには、依頼者が報酬を支払うべきことを合意したこと及び報酬額の合意（または相当額）

を主張立証しなければなりません。もっとも、明示の特約（契約書の作成など）がなければ有償性が認められないというわけではなく、明示の特約がなくとも、事実たる慣習により、報酬の特約がありと認めるべき場合が多い、特に受任者がその種の事務の委託を受けることを職業としている場合には、例え商人でなくても有償と解すべきである、などとされています[5]。また、最高裁も、弁護士報酬の事案ですが、弁護士の報酬額について当事者間に別段の定めのなかった場合において、裁判所がその額を認定するには、事件の難易、訴額及び労力の程度だけからこれに応ずる額を定めるべきではなく、当事者間の諸般の状況を審査し、当事者の意思を推定して相当報酬額を定めるべきである、と判示しており[6]、報酬額について別段の定めがない場合においても報酬が発生することを認めています。

契約書を作成していた場合に依頼者が報酬を支払うべきことを定めていないということは通常はないと思われますが、契約書が作成されていなかった場合であっても、上記のように特約があると認められる場合が一般的といえます。もっとも、依頼者との関係では、契約書上に報酬額または報酬額の算定方法を明示しておくことが望ましいことはいうまでもありません。

なお、委任が有償の場合は双務契約に、無償の場合は片務契約となりますが、民法は有償の委任と無償の委任とで、その効果について差異を設けていません。

---

[4] 中間試案に対する意見において、有償契約が原則とすると、近所付合いその他密接な人間関係等から生じるささいな内容の委任であっても報酬の請求を受ける可能性が高くなり、無用の紛争を惹起するおそれがある、削除により、報酬支払の合意がなくとも報酬請求できると解されるおそれがあり、一般国民にとってわかりにくくなる、等の意見が寄せられていました（部会資料71-6・142頁）。

[5] 我妻榮『債権各論（中巻二）』（岩波書店、1962年）685頁

[6] 最判昭和37年2月1日民集16巻2号157頁

(3) 継続的契約——解除の効果が将来効であること

　委任は、法律行為（準委任の場合は法律行為でない事務）の委託であり、通常は、一定の期間契約が存続したり、履行が繰り返されたりすることから、継続的契約とされます。このため、解除がなされた場合には、契約が当初からなかったものとする遡及的無効とされるのではなく、将来に向かってのみ解除の効力が生ずるとされています（民652、民・改正法620。なお、解除がなされた場合における報酬の請求については第3章を参照してください）。

第Ⅱ節　委任とその他の契約との比較

委任契約と類似する契約として、「雇用」「請負」があります。以下、それぞれの異同について見ていきます。

1　委任契約と雇用

　雇用とは、当事者の一方が相手方に対して労働に従事することを約し、相手方がこれに対してその報酬を与えることを約することをいいます（民623）。委任も、他人の労務を利用するという意味で雇用と類似します。

　しかし、雇用は使用者に従属し、その指揮命令のままに労務を提供する関係であるのに対し、委任は統一的な労務を目的とし、受任者の自主的裁量に任される範囲が広い点で雇用と異なるとされています[7]。

2　委任契約と請負

　請負とは、上述のとおり、当事者の一方がある仕事を完成することを約し、相手方がその仕事の結果に対してその報酬を支払うことを約することをいいます（民632）。委任と請負は、受任者（請負人）が、いずれも依頼者（注文者）と指揮命令関係になく、裁量を有している点において類似し

---

[7] 幾代通・広中俊雄編『新版 注釈民法（16）債権（7）雇傭・請負・委任・寄託』（有斐閣、1989年）206頁

ます。また、委任のうち、委任事務処理の結果として成果が達成されたときに、その成果への対価として報酬が支払われる成果完成型の場合は（第3章参照）、報酬の支払われ方の点において類似します。

一方、委任は事務の委託であるのに対し、請負は仕事の完成を目的とし、請負人は仕事の完成義務を負います。このように、委任と請負とは仕事の完成義務を負っているか否かという点が異なります（Q **3-4**参照）。

3 委任との区別

具体的な契約内容によっては、委任と雇用、請負との区別がしにくいケースもあります。基本的には、上記の異同をもとに判断することになりますが、一般に、委任は、その沿革から、他人の特殊な知識、経験、才能を目的とした知能的な高級労務を利用する関係だといえるとされており[8]、この点も勘案されるべきでしょう。

---

[8] 幾代通・広中俊雄編『新版 注釈民法（16）債権（7）雇傭・請負・委任・寄託』（有斐閣、1989年）206頁

第Ⅲ節　民法改正による影響

　民法の一部を改正する法律（平成22年法律第44号）が平成29年5月26日に成立し（公布：同年6月2日）、施行日は、一定の規定を除き、平成32年（2020年）4月1日となりました。

　この民法改正による委任契約・顧問契約に対する影響については、改正内容が多岐に及んでいることから、委任契約・顧問契約の規定に一定の影響を及ぼすことを考慮し、契約書の点検、メンテナンスを検討したほうがよいでしょう。

　また、契約書だけでなく、実際の契約関係を維持、遂行する観点からも、かかる改正点の理解が必要となります。

　詳細については、第2章以下で解説しますので、そちらを参照してください。

第Ⅳ節　契約締結（成立）における注意点

1　依頼者の意思能力

　法律行為を行うには、行為者に意思能力が必要です。よって、契約を有効に締結するためには、その前提として、契約当事者に意思能力が必要です。意思能力とは自己の締結する契約等の意味内容を理解・判断する能力をいいます[9]。一般的には、7～10歳児程度の能力といわれています[10]。契約当事者が契約締結当時に意思能力を有していなかった場合には、その契約は無効となります。また、契約当事者が代理人を通じて契約を締結する場合には、本人に意思能力がなければ、代理人への代理権限の授与行為（授権行為）が無効となります。

　したがって、受任者としては、委任契約・顧問契約を依頼者本人が締結する場合であっても依頼者の代理人を通じて締結する場合であっても、依頼者本人に意思能力があるかどうかに注意が必要です。

　依頼者がかなり高齢の場合や認知症の兆候が見られる場合は、会話をする中で慎重に判断する必要があります。また、窓口は主に本人の子どもが担っていて、子どもを通じて様々な業務の依頼を受けているような場合で

---

[9]　谷口知平他編『新版 注釈民法（1）総則（1）通則・人（改訂版）』（有斐閣、2002年）274頁参照
[10]　佐久間毅『民法の基礎1──総則（第3版）』（有斐閣、2008年）82頁参照

も、当初は本人に意思能力はあったけれども、その後、本人の意思能力が失われたという事態も考えられますので、委任状の提出だけでなく、本人の意思確認が必要な場合も考えられます（そのほか、詳細については第2章及び第4章を参照してください）。

2　説明義務

　契約が有効に成立するためには、契約当事者間において意思の合致が必要です。契約の要素に錯誤があった場合には、原則として、当該意思表示をした者（表意者）に重過失がない限り、現行民法では当該契約は無効となりますし（民95）、改正民法では当該意思表示をした者（表意者）は、当該契約を取り消すことができます（改正法95Ⅰ、Ⅲ）。

　これを委任契約・顧問契約に関して見てみますと、依頼者が当該依頼について慣れている場合はまだしも、そうでない場合は、受任者の側では当たり前だと思っていることも、依頼者の側では当たり前ではないことも十分ありえます。このような場合、依頼者が錯誤に陥った場合においてその錯誤が要素の錯誤に該当しないときや、要素の錯誤に該当したとしても依頼者に重過失があったときには、上記の要件を満たしませんので、原則として、依頼者は無効の主張（改正前）や取消し（改正後）ができません。しかし、そうであっても、受任者としては、依頼者の満足を得るため、また、無用な紛争を避けるためにも（説明「義務」に該当しないとしても）、委任の範囲・内容、報酬の内容・発生時期、今後の委任事務の見通し契約の内容について十分な説明をつくすことが望ましいと考えられます。

　なお、専門家としての説明義務については、第4章を参照してください。

第Ⅴ節 委任契約・顧問契約を締結することによる受任者の義務

　委任契約・顧問契約を締結すると、受任者として、善良なる管理者の注意（善管注意義務）など、様々な義務を負うことになります。仮に契約書上に定めがなくても、特に排除する趣旨でなければ、民法の規定が適用されますので、受任者として適切に委任事務を遂行する上では、これらの義務を把握しておく必要があります。

1 善管注意義務

（1）善管注意義務の内容について

　民法644条において、受任者の善管注意義務が定められています。

> **現民法**　（改正なし）
>
> （受任者の注意義務）
> 第644条　受任者は、委任の本旨に従い、善良な管理者の注意をもって、委任事務を処理する義務を負う。

　つまり、受任者は、委任の本旨に従って委任事務を処理する義務を負い、それを善良な管理者の注意をもって行う必要がある、ということになります。そして、善良な管理者とは、合理人（reasonable person）とされ、受任者の個人的能力に応じた注意ではなく、合理人の注意、つまり受任者と同一のグループ（職業的地位・社会的地位・技能・経験等を基準に判断）に

属する平均的な人ならば、当該委任事務を処理するのに合理的につくすであろう注意のことであるとされています[11]。

なお、専門家としての善管注意義務については、第4章を参照してください。

(2) 依頼者から指図があった場合

依頼者から指図があったときには、受任者はこれに従う必要があるとされています。(1)のとおり、委任において受任者は裁量を有していますが、そもそも依頼者の意思に基づいて委任を受けているため、その意思に反してはいけないと考えられるためです。

もっとも、その指図に従うと依頼者に不利益を及ぼすような場合には、善管注意義務の内容として、その旨を通知・説明するなど、本人に不利益が及ばないように行動する必要があると考えられます。

(3) 無償の場合

第Ⅰ節3(2)で述べたとおり、民法は有償の委任と無償の委任とで、その効果について差異を設けていません。そのため、無償委任の場合に受任者が負う善管注意義務が問題となります。この点、責任は変わらない（軽減されない）とする説と責任は軽減されるという説とがあります。

専門家が無償で委任を受けるケースは少ないと思いますが、サービスで行った行為について、仮に無償の場合であっても、当然に善管注意義務が軽減されるわけではありませんので、留意が必要です。

---

[11] 潮見佳男『基本講義 債権各論Ⅰ 契約法・事務管理・不当利得（第3版）』（新世社、2017年）258頁以下

2 自己執行義務

受任者の自己執行義務については、改正法による明文化がなされています。詳しくは第3章を参照してください。

3 報告義務

民法645条において、受任者による報告義務が定められています。

> **現民法** （改正なし）
>
> （受任者による報告）
> 第645条　受任者は、委任者の請求があるときは、いつでも委任事務の処理の状況を報告し、委任が終了した後は、遅滞なくその経過及び結果を報告しなければならない。

つまり、委任中であれば、依頼者からの請求があるときはいつでも委任事務の処理の状況を報告しなければなりませんし、委任が終了した後は、遅滞なくその経過及び結果を報告しなければなりません。これは、受任者の善管注意義務から導かれるとされています。

なお、法律上の義務としては、委任中は「依頼者の請求があるとき」とされていますが、請求がなくても、進捗状況など必要に応じて、依頼者には適宜の報告をすることが望ましいでしょうし、委任事務の内容から、依頼者から請求がなくても、受任者において説明すべき義務が導かれることもあるでしょう。

一方、本規定は強行規定ではないとされているため、これを合意により軽減したり、免除したりすることも可能です。

4 受取物の引渡義務等

民法646条において、受任者の受取物の引渡義務等が定められています。

> **現民法**　（改正なし）
>
> （受任者による受取物の引渡し等）
> 第646条　受任者は、委任事務を処理するに当たって受け取った金銭その他の物を委任者に引き渡さなければならない。その収取した果実についても、同様とする。
> 2　受任者は、委任者のために自己の名で取得した権利を委任者に移転しなければならない。

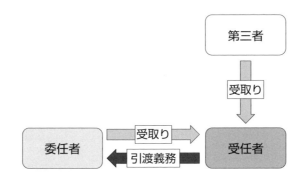

　受任者は、委任事務を処理するにあたって受け取った金銭その他の物、収受した果実について、依頼者に引き渡す義務があります。受け取った金銭その他の物とは、第三者から受け取った物だけでなく、依頼者から受け取った物も含みます。また、受任者は、依頼者のために自己の名で取得した権利を依頼者に移転しなければなりません。

　これらを引き渡すべき時期は、原則、委任終了の時となりますが、特約があればそれに従うことになります。

5 受任者の金銭の消費についての責任

民法647条において、受任者の金銭の消費についての責任が定められています。

> **現民法** （改正なし）
>
> （受任者の金銭の消費についての責任）
> 第647条　受任者は、委任者に引き渡すべき金額又はその利益のために用いるべき金額を自己のために消費したときは、その消費した日以後の利息を支払わなければならない。この場合において、なお損害があるときは、その賠償の責任を負う。

受任者が、本来、依頼者に引き渡すべき金額やその利益のために用いるべき金額を自己のために消費したときには、受任者は、依頼者に対し、その消費した日以後の利息を支払わなければなりません。そして、依頼者にさらに損害がある場合には、受任者は、その損害を賠償する責任を負います。

本来、金銭の支払債務の不履行について、その損害賠償の額は、法定利率（約定利率がこれを超える場合は約定利率）に限られるとされていますが（民・改正法419）、本件の場合は、受任者に背信性が認められるため、それよりも重い責任を負うものです。

6 消費者契約法との関係

（1）消費者契約法8条

受任者が上記のような責任や義務を怠った場合において、依頼者が損害を負ったときは、受任者は債務不履行に基づく損害賠償責任を負いますが、特約により、免除あるいは限定することは可能です。

もっとも、依頼者が消費者（個人（事業としてまたは事業のために契約の当事者となる場合におけるものを除きます）をいいます。消契法2Ⅰ）の場合は、

消費者契約法8条による制限を受けますので、留意が必要です。

つまり、事業者である受任者の損害賠償責任を免除する以下の条項は、たとえ委任契約・顧問契約で規定がなされていても、無効とされます。

> ① **債務不履行責任の全部免除**（消契法8Ⅰ①）
> 　事業者の債務不履行により消費者に生じた損害を賠償する責任の全部を免除する条項
> ② **悪意重過失による債務不履行責任の一部免除**（消契法8Ⅰ②）
> 　事業者の債務不履行（当該事業者、その代表者またはその使用する者の故意または重大な過失によるものに限ります）により消費者に生じた損害を賠償する責任の一部を免除する条項
> ③ **不法行為責任の全部免除**（消契法8Ⅰ③）
> 　消費者契約（消費者と事業者との間で締結される契約をいいます）における事業者の債務の履行に際してされた当該事業者の不法行為により消費者に生じた損害を賠償する民法の規定による責任の全部を免除する条項
> ④ **悪意重過失による不法行為責任の一部免除**（消契法8Ⅰ④）
> 　消費者契約における事業者の債務の履行に際してされた当該事業者の不法行為（当該事業者、その代表者またはその使用する者の故意又は重大な過失によるものに限ります）により消費者に生じた損害を賠償する民法の規定による責任の一部を免除する条項

一方、上記①、②のうち、消費者契約が有償契約である場合において、引き渡された目的物が種類または品質に関して契約の内容に適合しないとき（当該消費者契約が請負契約である場合には、請負人が種類または品質に関して契約の内容に適合しない仕事の目的物を注文者に引き渡したとき（その引渡しを要しない場合には、仕事が終了した時に仕事の目的物が種類または品質に関して契約の内容に適合しないとき））に、これにより消費者に生じた損害を賠償する事業者の責任を免除する条項については、次に掲げる場合に該当するときは、消費者契約法8条1項1号、2号は適用されず、無効とはなりません（改正消契法8Ⅱ）。

> ア 追完義務または対価の減額義務の定めがある場合（改正消契法8Ⅱ①）
> 　当該消費者契約において、引き渡された目的物が種類または品質に関して契約の内容に適合しないときに、当該事業者が履行の追完をする責任または不適合の程度に応じた代金もしくは報酬の減額をする責任を負うこととされている場合
> イ 他の事業者が損害賠償義務または追完義務を負っている場合（改正消契法8Ⅱ②）
> 　当該消費者と当該事業者の委託を受けた他の事業者との間の契約または当該事業者と他の事業者との間の当該消費者のためにする契約で、当該消費者契約の締結に先立ってまたはこれと同時に締結されたものにおいて、引き渡された目的物が種類または品質に関して契約の内容に適合しないときに、当該他の事業者が、その目的物が種類または品質に関して契約の内容に適合しないことにより当該消費者に生じた損害を賠償する責任の全部もしくは一部を負い、または履行の追完をする責任を負うこととされている場合

　したがって、依頼者が消費者の場合において、受任者の責任を限定しようとする場合は、上記の範囲内にて限定することが必要です。これを越えて責任を免除・限定した場合、当該規定は無効となります。その結果、例えば、上記①に関し、受任者の責任の全部を免除する規定がなされていたとすると、その規定がなかったものとして取り扱われます。また、上記②に関し、故意重過失である場合を含めて受任者の責任の一部を免除する規定がある場合において、受任者に故意重過失がなかったときには、原則として無効とはならないと解されるべきと考えられますが[12]、条項全部が無効となると解すべきとする説もあります[13]。したがって、依頼者が消費者の場合に受任者の責任を限定しようとする場合には、当該消費者契約法8

---

[12] 消費者庁消費者制度課編『逐条解説 消費者契約法（第2版補訂版）』（商事法務、2015年）185頁
[13] 日本弁護士連合会 消費者問題対策委員会編『コンメンタール消費者契約法（第2版）』（商事法務、2010年）142頁

条違反とならないよう留意が必要です。

(2) 消費者契約法10条

　さらに、消費者契約法10条は、民法、商法その他の法律の公の秩序に関しない規定の適用による場合に比し、消費者の権利を制限し、または消費者の義務を加重する消費者契約の条項であって、民法1条2項に規定する基本原則に反して消費者の利益を一方的に害するものは、無効とする、と規定しています。つまり、民法等の任意規定の場合と比べて、消費者の権利を制限し、または消費者の義務を加重する条項で、信義則に反して消費者の利益を一方的に害するものは無効とされます。

　受任者の責任の限定との関係では、上記(1)の消費者契約法8条に違反しない責任の限定の場合であっても、信義則に反する程度に制限されている場合（賠償額の上限が著しく低い場合など）には、消費者契約法10条に基づき無効となりますので、この点にも留意が必要です。

第Ⅵ節　委任契約・顧問契約を締結することによる受任者の権利

1 報酬請求権

詳しくは、本章第Ⅰ節及び第3章第Ⅱ節を参照してください。

2 費用の前払請求権

民法649条において、受任者の費用前払請求権が定められています。

> **現民法**　（改正なし）
>
> （受任者による費用の前払請求）
> 第649条　委任事務を処理するについて費用を要するときは、委任者は、受任者の請求により、その前払をしなければならない。

つまり、受任者が委任事務を処理するについて費用を要するときには、依頼者に対して、その費用の前払の請求をすることができます。

これは、受任者は、依頼者のために委任事務を行うものであり、受任者に負担させるべきではないことから、認められたものです。受任者の請求があったときには、委任者はこれを拒むことはできません。また、受任者が委任事務に着手している必要はありません。

この「費用」とは、客観的に現実に必要な費用とされています[14]。

前払を受けた費用について、余りが生じた場合には、受任者は依頼者にこれを引き渡す義務があります（民646。本章第Ⅳ節参照）。

3 費用等の償還請求権等

民法650条において、受任者の依頼者に対する、①費用償還請求権（同条Ⅰ）、②代弁済請求権（同条Ⅱ）、③損害賠償請求権（同条Ⅲ）が定められています。

> **現民法** （改正なし）
>
> （受任者による費用等の償還請求等）
> 第650条　受任者は、委任事務を処理するのに必要と認められる費用を支出したときは、委任者に対し、その費用及び支出の日以後におけるその利息の償還を請求することができる。
> 2　受任者は、委任事務を処理するのに必要と認められる債務を負担したときは、委任者に対し、自己に代わってその弁済をすることを請求することができる。この場合において、その債務が弁済期にないときは、委任者に対し、相当の担保を供させることができる。
> 3　受任者は、委任事務を処理するため自己に過失なく損害を受けたときは、委任者に対し、その賠償を請求することができる。

（1）費用償還請求権

民法649条は費用の前払の規定でしたが、民法650条1項は、受任者が委任事務を処理するのに必要な費用を立て替えて支出したときには、委任者に対して、その費用に加えて、支出した日以後におけるその利息の償還を

---

[14] 幾代通・広中俊雄編『新版 注釈民法（16）債権（7）雇傭・請負・委任・寄託』（有斐閣、1989年）269頁

請求できるとするものです。

　民法649条の費用が客観的に現実に必要な費用とされているのに対し、民法650条1項の費用は、委任事務を処理するのに一般的に必要と認められれば足りるのであって、これによって結果的に依頼者に実益を生じたか否か、依頼者の所期の目的を達成したか否かは問わないとされています[15]。

　利息の償還については、有償委任であるか無償委任であるかを問いません。

(2) 代弁済請求権

　受任者が、委任事務を処理するのに必要と認められる債務を自分の名義にて負担したときは、依頼者に対して、自己に代わってその債務を弁済することを請求することができます。この請求権を代弁済請求権といいます（民650Ⅱ）。

　このような状況の場合、受任者としては、この代弁済請求権を行使することも当該債務の弁済に要する費用の前払請求（民649）をすることも可能です。

(3) 損害賠償請求権

　受任者は、委任事務を処理するために自己に過失なく損害を受けたときは、委任者に対して、当該損害の賠償を請求することができます（民650Ⅲ）。そして、この場合、たとえ依頼者に過失がなくても、賠償義務を負うとされています[16]。

　なお、民法（債権関係）改正における中間試案においては、委任事務が専門的な知識または技能を要するものである場合において、その専門的な

15　幾代通・広中俊雄編『新版 注釈民法（16）債権（7）雇傭・請負・委任・寄託』（有斐閣、1989年）272頁
16　無過失責任。幾代通・広中俊雄編『新版 注釈民法（16）債権（7）雇傭・請負・委任・寄託』（有斐閣、1989年）276頁

知識または技能を有する者であればその委任事務の処理に伴ってその損害が生ずるおそれがあることを知りえたときは、民法650条３項を適用しないものとすることが検討されていました（中間試案70頁）。その理由は、以下のとおりです。

> ①　民法650条３項は、受任者が過失なく受けた損害は、委任者が自ら当該事務を処理していたら委任者自身に生じていたであろうといえるから委任者が負担すべきであるという考え方に基づくとされているが、今日多く見られる専門家への委任は、委任者が自ら行うことができない仕事を対象としており、同項の趣旨は必ずしも妥当しない。
> ②　このような委任契約においては、当該委任事務に通常伴うと考えられるリスクが顕在化した場合の損害は受任者が負担するというのが当事者の通常の意思であると考えられるし、受任者は委任事務の処理にどのようなリスクが伴うかを予測できるから、そのリスクを対価に反映させることもできる。

しかし、反対意見も多く[17]、かかる規定は見送られました。

---

[17] 中間試案に対する意見において、当該基準が不明確であり、法的安定性を害する、基準が抽象的であり、画一的な判断が困難、委任者と受任者との力関係等を無視しており、受任者に過大なリスク負担をさせる結果となる、等の意見が寄せられていました（部会資料71-6・139頁）。

第Ⅶ節　委任契約の終了

1　委任の解除

委任の解除については、第3章を参照してください。

2　委任の終了事由

委任は個人的な信頼関係に基づくものですので、この信頼関係が失われるような事由が生じた場合、委任が終了するとされています（民653）。具体的には、(1)依頼者または受任者の死亡（同条①）、(2)依頼者または受任者が破産手続開始の決定を受けたこと（同条②）、(3)受任者が後見開始の審判を受けたこと（同条③）、が掲げられています。

> **現民法**　（改正なし）
>
> （委任の終了事由）
> 　第653条　委任は、次に掲げる事由によって終了する。
> 　　一　委任者又は受任者の死亡
> 　　二　委任者又は受任者が破産手続開始の決定を受けたこと。
> 　　三　受任者が後見開始の審判を受けたこと。

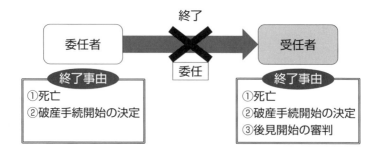

　なお、依頼者が後見開始の審判を受けたことは、委任の終了事由とはされていません。これは、依頼者は事務処理を依頼している立場で、自らが事務処理をするわけではなく、委任が継続しても支障がないからです。

　委任の終了事由を定める民法653条は任意規定ですので、これと異なる合意をすることは可能です。

3 委任の終了後の処分

　委任が終了した場合であっても、急迫の事情がある場合に受任者が事務を中止してしまうと、依頼者に不測の損害を与えるおそれがあります。そこで、民法654条は、善処義務として、受任者らに、依頼者らが委任事務を処理することができるに至るまで、必要な処分をしなければならないとしています。

> **現民法**　（改正なし）
>
> （委任の終了後の処分）
> 第654条　委任が終了した場合において、急迫の事情があるときは、受任者又はその相続人若しくは法定代理人は、委任者又はその相続人若しくは法定代理人が委任事務を処理することができるに至るまで、必要な処分をしなければならない。

　この善処義務は、委任契約の内容をなすものではありませんが、委任契

約に付随して生ずる法律上の義務とされており、委任が有償である場合には、受任者は報酬請求権を有することになると解されています[18]。

4 委任の終了の対抗要件

委任の当事者の一方に委任の終了事由が生じた場合、必ずしも相手方が知っているとは限りませんので、民法655条は、終了事由は、これを相手方に通知したときか、相手方がこれを知っているときでなければ、その相手方に委任の終了事由を対抗できないとしています。

> **現民法** （改正なし）
>
> （委任の終了の対抗要件）
> 第655条　委任の終了事由は、これを相手方に通知したとき、又は相手方がこれを知っていたときでなければ、これをもってその相手方に対抗することができない。

例えば、依頼者に委任の終了事由が生じた場合であっても、受任者に終了事由についての通知がなされず、受任者も終了事由を知らずに、委任事務を継続したときは、依頼者は受任者に委任の終了を対抗できません。したがって、受任者は依頼者に対して、委任契約が存続するものとして、当該委任事務に対する報酬の請求をすることができます（民648）。

18　幾代通・広中俊雄編『新版 注釈民法（16）債権（7）雇傭・請負・委任・寄託』（有斐閣、1989年）298頁

第2章

民法改正が委任契約・顧問契約に与える影響（総則・債権総論）

第Ⅰ節　代理——依頼者に代理人がいる場合に注意すべき点

　市民社会においては、自らの意思表示に基づいて契約を締結し、それに拘束されるのが原則です。しかし、この原則を貫くと、子供や精神疾患のある者等、契約を締結する上で十分な能力がない者や、能力はあっても専門家等のより適任の者に任せたい者にとって不都合が生じます。

　そこで、民法は、契約当事者に代わって第三者である代理人が契約を締結することを認めつつ、その際に生じ得る問題に関するルールを定めています（民99〜118）。これらのルールを、民法上の代理制度といいます。

　本節では、民法改正がこの代理制度に及ぼす影響、ひいては委任契約や顧問契約に及ぼす影響について解説をします。

1　代理人の行為に瑕疵があった場合（民法第101条関係）

（1）改正法の内容

> **現民法**
>
> （代理行為の瑕疵）
> 第101条　意思表示の効力が意思の不存在、詐欺、強迫又はある事情を知っていたこと若しくは知らなかったことにつき過失があったことによって影響を受けるべき場合には、その事実の有無は、代理人について決するものとする。
> 2　特定の法律行為をすることを委託された場合において、代理人が本人の指図に従ってその行為をしたときは、本人は、自ら知っていた事情につい

て代理人が知らなかったことを主張することができない。本人が過失によって知らなかった事情についても、同様とする。

> **改正法**
>
> （代理行為の瑕疵）
> 第101条　代理人が相手方に対してした意思表示の効力が意思の不存在、錯誤、詐欺、強迫又はある事情を知っていたこと若しくは知らなかったことにつき過失があったことによって影響を受けるべき場合には、その事実の有無は、代理人について決するものとする。
> 2　相手方が代理人に対してした意思表示の効力が意思表示を受けた者がある事情を知っていたこと又は知らなかったことにつき過失があったことによって影響を受けるべき場合には、その事実の有無は、代理人について決するものとする。
> 3　特定の法律行為をすることを委託された代理人がその行為をしたときは、本人は、自ら知っていた事情について代理人が知らなかったことを主張することができない。本人が過失によって知らなかった事情についても、同様とする。

　錯誤や詐欺、強迫に基づき、意思表示がなされる場合があります。このような意思表示のことを「瑕疵ある意思表示」といい、現民法では無効または取消しの対象となり、改正法では取消しの対象となります。

　また、当事者同士が契約を締結する場合と同様に、代理人が関与する場合にも、錯誤や詐欺、強迫によって意思表示がなされる場合があります。例えば、未成年の子を代理して親が第三者と契約をする場合に、その第三者の詐欺や強迫によって契約を締結してしまう場合などです。

　現民法は、代理人が意思表示をした場合で、かつ、意思表示の瑕疵が問題となる場合、瑕疵ある意思表示として無効・取消しの対象となるかどうかは、原則として本人ではなく代理人を基準に判断するとしています（民101Ⅰ）。ただし、特定の法律行為をすることを委託された場合で、代理人が（本人の指図に従って）その行為をしたときには、代理人が知らなかった

としても、本人が知っていた事情や本人が過失によって知らなかった事情が考慮されます（民101Ⅱ）。

　改正法は、現民法101条1項の規定を、代理人が相手方に対して意思表示をする場合を定めた改正法101条1項と、相手方が代理人に対して意思表示をする場合を定めた改正法101条2項とに分けていますが、上記の現民法の原則を変えるものではありません。また、代理人が特定の法律行為をすることを委託されたときにおける規定である改正法101条3項は、現民法101条2項の規定のうち「本人の指図に従って」としていた部分を削除した規定となっていますが、判例上「本人の指図」は必ずしも必要ないとされていたため[1]、実質的に変更点はないといえます。

　したがって、改正法101条（代理行為の瑕疵）は多少体裁の変更はあるものの、現民法101条が定める準則を変えるものではなく、特段実務に影響を及ぼすような内容の改正はされていません。

（2）委任契約・顧問契約に与える影響

　委任契約・顧問契約の締結の場面において、本条項が適用されるケースはあまり多いとは思われませんが、例えば次頁の図表のとおり、第三者が本人に詐欺行為を行ったことによって、騙されてしまった高齢の本人が息子を代理人として司法書士や税理士などの専門家（受任者）に対して一定の業務の委任を依頼してきたような場合で考えてみます。

---

[1] 大判明治41年6月10日民録14輯665頁

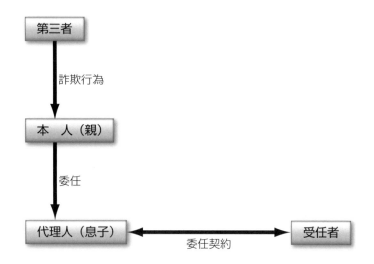

　(**1**) で述べたとおり、瑕疵ある意思表示は本人ではなく代理人について判断されるため (現民101Ⅰ)、代理人である息子には錯誤がない以上、本人は代理人である息子が締結した委任契約を取り消すことが原則としてできません。ただし、この場合でも、現行法上委任契約の受任者が、本人が騙されていることを知っていた場合には、例外的に本人は代理人である息子が受任者と締結した委任契約を取り消すことができます (民96Ⅱ)。

　そして、上記のとおり、改正法によって、瑕疵ある意思表示に関する現民法の原則に実質的な変更はないため、改正法の下でも上記の例の帰結に影響はありません。

2　代理人の行為能力に問題があった場合（民法第102条関係）

（1）改正法の内容

> **現民法**
>
> （代理人の行為能力）
> 第102条　代理人は、行為能力者であることを要しない。

> **改正法**
>
> （代理人の行為能力）
> 第102条　制限行為能力者が代理人としてした行為は、行為能力の制限によっては取り消すことができない。ただし、制限行為能力者が他の制限行為能力者の法定代理人としてした行為については、この限りでない。

　現民法102条（代理人の行為能力）は、代理人が未成年者や成年被後見人など行為能力者ではない場合でも当該代理人がした意思表示に瑕疵はなく、本人は当該意思表示を取り消すことができないという原則を定めています。このような原則がとられているのは、制限行為能力者の行為を取り消せるなどとする行為能力制度は制限行為能力者保護のための制度であるところ、代理の場合においては、代理行為の効果は本人に帰属し、代理人には帰属しないため、代理人が制限行為能力者であるとしても同人を保護する必要がないからであると一般的には説明されています[2]。

　改正法は、現民法の上記原則に加え、制限行為能力者が他の制限行為能力者の法定代理人（法律によって代理人と定められた者）である場合は、例外的に当該制限行為能力者である法定代理人がした行為について取り消しうることを定めました。

2　於保不二雄・奥田昌道編『新版 注釈民法（4）総則（4）法律行為（2）』（有斐閣、2015年）76頁

その理由としては、①制限行為能力者が他の制限行為能力者の法定代理人である場合にまで上記の原則を貫くと本人の保護という制限行為能力制度の目的が十分に達せられないおそれがあること、また、②本人が代理人の選任に直接関与するわけではないため、代理人が制限行為能力者であることによるリスクを本人に引き受けさせる根拠にも乏しいと考えられることが挙げられます[3]。

> ### Q 2-1 制限行為能力者
> 制限行為能力者とはどのような者でしょうか。
>
> **A** 行為能力とは、法律行為を自分ひとりで確定的に有効に行うことのできる能力です[4]。法は、知的能力が十分とはいえない者を行為能力が制限された制限行為能力者と位置づけ、これらの者を保護するために、かかる制限に違反してした法律行為は取り消しうるものとしています。現民法上制限行為能力者とされているのは、未成年者、成年被後見人、被保佐人、被補助人です。未成年者及び成年被後見人については、これらの者の代理権を有する者が法律上定められており、この代理人のことを「法定代理人」といいます。未成年者については原則として親権者が、成年被後見人については成年後見人が法定代理人となります。

(2) 委任契約・顧問契約に与える影響

本条項が適用されることは実務上多くはありませんが、次の図表のとおり、未成年（制限行為能力者）である大学生の息子が父親を代理して、税理士と委任契約・顧問契約を締結するような場合を例として挙げることが

---

3 部会資料66A・16頁
4 佐久間毅『民法の基礎1——総則（第3版）』（有斐閣、2008年）84頁

できます。本条項によれば、この場合でも、未成年である息子が締結した契約は原則として取り消すことはできず、有効に父親に帰属する、ということになります。

【代理人が制限行為能力者の場合】

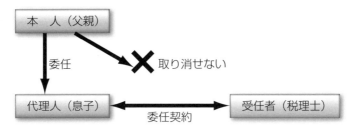

　もっとも、次の図表のとおり、場面を変えて、後見開始の審判を受けた成年被後見人（制限行為能力者）である父親が、未成年である息子を代理した場合はどうでしょうか。このような場合には、改正法の但書が適用されます。

【法定代理人及び本人が制限行為能力者の場合】

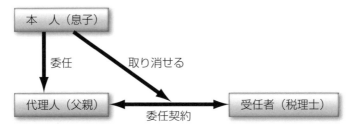

　つまり、制限行為能力者である未成年者の法定代理人である父親が制限行為能力者であるため、改正法の但書によれば、この場合に父親が息子を代理して締結した委任契約・顧問契約は、息子本人及び父親が取り消しうることになります。

　したがって、委任契約・顧問契約の相手方が代理人である場合、有効な代理権の存在を確認できていれば、原則として代理人の行為能力を気にす

る必要はありませんが、その代理人が制限行為能力者であり、かつ未成年者等の制限行為能力者を代理していることが分かったときには、事後的に取り消される可能性があることに留意が必要となります。

3 代理人自身と契約をする場合及び代理人が当事者双方を代理する場合

（1）改正法の内容

現民法

（自己契約及び双方代理）
第108条　同一の法律行為については、相手方の代理人となり、又は当事者双方の代理人となることはできない。ただし、債務の履行及び本人があらかじめ許諾した行為については、この限りでない。

改正法

（自己契約及び双方代理等）
第108条　同一の法律行為について、相手方の代理人として、又は当事者双方の代理人としてした行為は、代理権を有しない者がした行為とみなす。ただし、債務の履行及び本人があらかじめ許諾した行為については、この限りでない。
2　前項本文に規定するもののほか、代理人と本人との利益が相反する行為については、代理権を有しない者がした行為とみなす。ただし、本人があらかじめ許諾した行為については、この限りでない。

現民法は、代理人自身が契約の相手方となること（「自己契約」といいます）及び一人の者が契約（またはその他の法律行為）の当事者の双方の代理人となること（「双方代理」といいます）を禁止しています（民108本文）。その理由は、自己契約の場合は代理人が本人の利益を犠牲にして代理人自身の利益を優先するおそれがあり、双方代理の場合は代理人が当事者の一方の利益のみを優先し、他方の当事者の利益が不当に損なわれるおそれがあ

るからです。

　また、現民法の下、判例において、自己契約及び双方代理そのものには該当しない場合でも、本人と代理人等の利益が相反する行為について、現民法108条を拡張ないし類推することが認められてきました[5]。このような拡張ないし類推適用が認められるのは、現民法108条の背景に「代理人は本人の利益のために行動すべき忠実義務を負っているため、本人の利益を害するような行為を禁止すべき」という考え方があるところ、形式的には自己契約及び双方代理にあたらなくても、実質的に本人と代理人等の利益が相反する場面においてもこの考え方が妥当するからです。

　以上を踏まえ、改正法108条は、1項において現民法108条の定めを維持しつつ（自己契約、双方代理の禁止）、2項において判例上認められている利益相反行為の禁止についても明文化しています。また、同条は、自己契約・双方代理・利益相反行為を行った場合の効果として、「代理権を有しない者がした行為とみなす」と定め、無権代理行為とみなされることを明らかにしています。

Q 2-2 「代理人と本人との利益が相反する行為」とは

どのような場合に改正法108条（自己契約及び双方代理等）の「代理人と本人との利益が相反する行為」にあたりますか。

A　判例上、「代理人と本人との利益が相反する行為」にあたるかどうかは、行為自体を外形的・形式的に考察して判定すべきとされており[6]、代理人が当該行為に及んだ動機や目的は考慮されないと考えられています（外形説・形式説などと言われます）。したがって、代理人がその内

5　大判昭和7年6月6日民集11巻1115頁参照
6　最判昭和42年4月18日民集21巻3号671頁

心において、自己の利益を図る意図を有していても、代理人の代理行為そのものが外形的・形式的に代理人を利するものでなければ「代理人と本人との利益が相反する行為」にはあたりません。代理人の動機や目的は、**4**で述べるとおり、代理権濫用の問題として扱われます。

なお、改正法108条1項但書は、「債務の履行」及び「本人があらかじめ許諾した行為」について、同条2項但書は「本人があらかじめ許諾した行為」について、それぞれ改正法108条の規制は及ばないとしています。「債務の履行」については、既に発生した義務を履行するだけで、履行によって新たに本人に不利益を生じるおそれがないことから、自己契約・双方代理が例外的に許容されています（なお、債務の履行はそもそも利益相反行為に該当しないため、改正法108条2項但書には規定されていません）。

また、「本人があらかじめ許諾した行為」については、改正法108条の趣旨が、代理人が本人の利益を犠牲にするおそれのある状況において本人の利益を保護することにあることから、本人が自己の利益に対する危険を覚悟の上でそれでも構わないとする場合には、本人をそれ以上に保護する必要はないため、自己契約・双方代理・利益相反行為が例外的に許容されています。

（2）委任契約・顧問契約に与える影響

改正法108条2項は判例法理の明文化ですので、委任契約・顧問契約に特段の影響を与えるものではありません。

一方、上記のように自己契約・双方代理・利益相反行為は原則禁止されていますので、依頼者の代理人がこれらの行為をしようとしている場合には留意したほうがよいでしょう。

4 代理人が代理権を濫用した場合

(1) 改正法の内容

現民法

規定なし

改正法

(代理権の濫用)
第107条　代理人が自己又は第三者の利益を図る目的で代理権の範囲内の行為をした場合において、相手方がその目的を知り、又は知ることができたときは、その行為は、代理権を有しない者がした行為とみなす。

　代理権の濫用とは、代理人がした法律行為(契約の締結など)が、代理権の範囲内ではあるものの、代理人の内心において、本人の利益ではなく、代理人自身の利益を図る意図を有していた場合をいいます。

　現民法においては、代理権の濫用に関する規定は置かれていません。もっとも、判例は、相手方保護のため、代理権の濫用があった場合でも、代理人がした法律行為は原則として有効であるとしつつ、相手方において、代理人が自身の利益を図る意図であることを知っていたか、過失によって知らなかったときは、例外的に法律行為の効果は本人に帰属しないものとします[7]。判例はこのような結論を導く理屈として、心裡留保(表意者が真意ではないことを知りながら意思表示をした場合)に関する現民法93条但書を類推する構成を採用しています。

　改正法は、上記の判例を結論において踏襲し、代理権の濫用があった場合について、相手方が「その目的を知り、又は知ることができたとき」

---

[7]　最判昭和42年4月20日民集21巻3号697頁

は、「代理権を有しない者がした行為」、つまり無権代理行為とみなすと規定しています。

（2）委任契約・顧問契約に与える影響

代理権の濫用が問題となる典型的なケースとしては、息子が自己または知人の利益を図るために親の財産について管理行為をするケースが挙げられます。

委任契約・顧問契約との関係で具体的な例を挙げると、父親からその所有する資産の一切の管理を委任されている成人の息子が、自分の知人に利益を得させる目的で不動産を知人に売却することを検討している際に、息子が移転登記を司法書士に依頼をしたような場合が考えられます。

【代理人が代理権を濫用した場合】

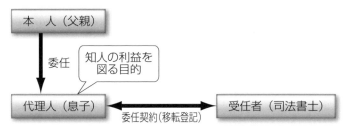

この場合、司法書士は、息子が父親の資産管理のためではなく、第三者である息子の知人の利益を図る目的であることを知ることができた場合は、後々、父親本人から、締結された移転登記に関する委任契約が無権代理行為に基づくものであると主張され、報酬等の支払いを拒まれるおそれがあります。

したがって、代理権濫用の疑いのあるケースにおいては、本人に電話で問い合わせるなどの方法で、本人から事情や意思の確認をすることが重要となります。

Q 2-3 相手方の過失について

どのような場合に代理人が自己または第三者の利益を図る目的を有していたと「知ることができた」（改正法107）とされるのでしょうか。

A 代理人が自身または第三者の利益を図る目的を有していたことを強く疑わせるような事情がある場合には「知ることができた」と評価されてしまいます。例えば、本文の例でいうと、代理権を濫用している息子が建物の売却目的について明確な説明をしないことや、司法書士が父親本人と接触することを不自然に拒んでいるなどといった事情が挙げられます（ただし、これだけの事情で「知ることができた」と認められるとは限りません）。

5 代理権限を有している外観がある者（表見代理人）が行った行為について（民法第109条、第112条関係）

（1）改正法の内容

現民法

（代理権授与の表示による表見代理）
第109条　第三者に対して他人に代理権を与えた旨を表示した者は、その代理権の範囲内においてその他人が第三者との間でした行為について、その責任を負う。ただし、第三者が、その他人が代理権を与えられていないことを知り、又は過失によって知らなかったときは、この限りでない。

改正法

（代理権授与の表示による表見代理等）
第109条　第三者に対して他人に代理権を与えた旨を表示した者は、その代理

権の範囲内においてその他人が第三者との間でした行為について、その責任を負う。ただし、第三者が、その他人が代理権を与えられていないことを知り、又は過失によって知らなかったときは、この限りでない。
（筆者注：現民法109条と同文）
2　第三者に対して他人に代理権を与えた旨を表示した者は、その代理権の範囲内においてその他人が第三者との間で行為をしたとすれば前項の規定によりその責任を負うべき場合において、その他人が第三者との間でその代理権の範囲外の行為をしたときは、第三者がその行為についてその他人の代理権があると信ずべき正当な理由があるときに限り、その行為についての責任を負う。

現民法

（代理権消滅後の表見代理）
第112条　代理権の消滅は、善意の第三者に対抗することができない。ただし、第三者が過失によってその事実を知らなかったときは、この限りでない。

改正法

（代理権消滅後の表見代理等）
第112条　他人に代理権を与えた者は、代理権の消滅後にその代理権の範囲内においてその他人が第三者との間でした行為について、代理権の消滅の事実を知らなかった第三者に対してその責任を負う。ただし、第三者が過失によってその事実を知らなかったときは、この限りでない。
2　他人に代理権を与えた者は、代理権の消滅後に、その代理権の範囲内においてその他人が第三者との間で行為をしたとすれば前項の規定によりその責任を負うべき場合において、その他人が第三者との間でその代理権の範囲外の行為をしたときは、第三者がその行為についてその他人の代理権があると信ずべき正当な理由があるときに限り、その行為についての責任を負う。

　現民法109条（代理権授与の表示による表見代理）は、実際には代理権のない者（「無権代理人」といいます）がした代理行為でも、本人が当該無権代理人に代理権を与えたことを表示した場合には、代理行為の効果が本人に帰属することを定めています。同条でいう、「代理権を与えた旨を表示」

したことの代表例としては、白紙委任状（相手方や委任事項など一部を空白のままにして出された委任状）が挙げられます。

また、「代理権を与えた旨を表示」したとされるのは、必ずしも明示的な表示がなされた必要はなく、黙示的な表示でも構いません。例えば、無権代理人が代理人を名乗っていることを本人が知りつつこれを容認する場合は、黙示的に代理権を与えたことの表示にあたります。

> **Q 2-4 無権代理人が本人を名乗った場合**
>
> 無権代理人Bが「Aの代理人」ではなく、「A」と名乗っていた事案で、本人であるAがこれを容認する場合は、黙示的に代理権を与えたことの表示にあたりますか。
>
> **A** 代理権を与えた旨を表示していない場合でも、代理人が代理人としてではなく本人の名義を利用することを認めていたような場合には、判例は、現民法109条（改正法109条1項と同文）の法理に照らし、本人が無権代理人の行為につき責任を負うとします[8]。

現民法112条（代理権消滅後の表見代理）は、代理権を有していた者が代理権消滅後にした法律行為について、代理権がない以上本来本人は責任を負わないはずであるところ、相手方が代理権の消滅を知らなかったときは、本人は相手方に代理権が消滅していることを主張して法律行為の効果を拒めないことを定めています。ただし、この場合でも、相手方が代理権消滅を知らなかったことにつき過失がある場合には、本人は代理権の消滅を相手方に主張できます。

8　最判昭和35年10月21日民集14巻12号2661頁

改正法109条(代理権授与の表示による表見代理等)及び112条(代理権消滅後の表見代理等)は、現民法109条及び112条を維持した上で、代理権の範囲を超える代理行為がなされた場合に、判例上認められていた現民法109条及び112条と110条(権限外の行為の表見代理)との重畳適用[9]を明文化しました。

(2) 委任契約・顧問契約に与える影響

　改正法109条が適用される場面としては、息子が勝手に親の財産について処分をするケースが挙げられます。委任契約・顧問契約との関係でいえば、例えば、父親が所有するAという不動産について、息子に売却の委任をしたところ、息子が渡された白紙委任状を利用して、Bという不動産を売却し、その移転登記を司法書士に委任したような場合です。

【改正法109条の適用場面】

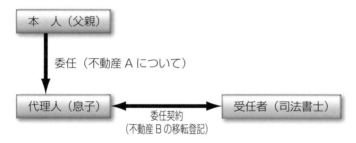

　この場合、息子は、委任事項であるA不動産の売却の範囲を超えて、何ら委任を受けていないB不動産の売却について司法書士との登記申請に関する委任契約を締結しているため、「代理権の範囲外の行為をしたとき」にあたり、改正法109条2項が適用されます。したがって、同項により、当該司法書士において、「代理権があると信ずべき正当な理由がある

---

[9] 両方を併せて適用するということ。最判昭和45年7月28日民集24巻7号1203頁、最判昭和32年11月29日民集11巻12号1994頁

第2章　民法改正が委任契約・顧問契約に与える影響（総則・債権総論）

ときに限り」、委任契約は有効に父親に帰属することになります。

　また、改正法112条が適用される場面としては、上記の例と同様に父親が所有不動産の売却を息子に委任していたところ、その後、父親が自分で司法書士を見つけたため、息子への委任を撤回（委任契約の解除）したような場合が挙げられます。

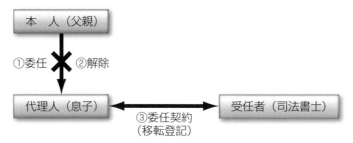

【改正法112条の適用場面】

　この場合、息子の代理権は消滅しますが、それにもかかわらず息子が父親の代理人として司法書士と委任契約を締結したような場合には、改正法112条1項が適用されます。改正法112条1項によれば、当該司法書士において息子の代理権が消滅したことを知らなければ、「過失によってその事実を知らなかったとき」でない限り、登記申請の委任契約は有効に父親に帰属することになります。

51

Q2-5 「過失によって知らなかったとき」とは

どのような場合が、改正法109条（代理権授与の表示による表見代理等）の「過失によって知らなかったとき」にあたるのでしょうか。

A 代理人が代理権を有していないことを強く疑わせるような事情がある場合には「過失によって知らなかった」と評価されてしまいます。例えば、本文の例でいうと、息子が白紙委任状の委任事項欄に「不動産Ｂの売却」と自ら書き込んでいた場合に、その記載と息子の署名の筆跡が明らかに同一であったり、司法書士において本人である父親の連絡先を把握しており、本人への確認が容易であったにもかかわらず確認をしていなかった場合などが挙げられます。

Q2-6 「過失によってその事実を知らなかったとき」とは

どのような場合に改正法112条（代理権消滅後の表見代理等）の「過失によってその事実を知らなかったとき」にあたりますか。

A 代理権が消滅したことを強く疑わせるような事情がある場合には「過失によってその事実を知らなかった」と評価されてしまいます。例えば、本文の例でいうと、息子が提示した委任状の作成日が数年前で、当該委任状が提示された時点においてそれを使用することにつき合理的な理由が見いだせないような場合が考えられます。

Q 2-7 「代理権があると信ずべき正当な理由があるとき」とは

どのような場合に改正法109条2項（代理権授与の表示による表見代理と権限外の行為の表見代理の重畳適用）、改正法112条2項（権限外の行為の表見代理と代理権消滅後の表見代理の重畳適用）でいう「代理権があると信ずべき正当な理由があるとき」にあたりますか。

A これらは新設された条項であり、まだ当該条項についての判例等の実例はありませんが、本文記載のとおり、いずれも判例上認められていた現民法110条と現民法109条または112条との重畳適用を明文化したものです。したがって、現民法110条の「正当な理由」に関する裁判例における判断が参考になるものと思われます。

同条の「正当な理由」とは、代理権の存在を信じたことにつき過失がなかったこととされています[10]。代理権の存在を信じたことにつき過失がなかったか否かについては、実印の交付・使用があれば「特段の事情」がない限り過失がなかったと判断されます[11]。そして、この「特段の事情」の有無については、①本人にきわめて重大な負担を負わせる場合（顧問契約の例でいえば、高額の顧問料を約束するような契約である場合などが考えられます）、②代理人自身が利益を受ける場合（保証契約を代理で締結する場合で、主たる債務が代理人自身の債務である場合が一般的な例として挙げられます）、③基本代理権の範囲を質的・量的に大きく逸脱している場合などが考慮されます[12]。

---

10 最判昭和35年12月27日民集14巻14号3234頁
11 最判昭和51年6月25日民集30巻6号665頁
12 早川眞一郎「民法110条の正当理由の判断」『民法判例百選Ⅰ（第7版）』30解説62頁

6 代理人に代理権限がなかった場合（無権代理人）の責任（民法第117条関係）

（1）改正法の内容

現民法

（無権代理人の責任）
第117条　他人の代理人として契約をした者は、自己の代理権を証明することができず、かつ、本人の追認を得ることができなかったときは、相手方の選択に従い、相手方に対して履行又は損害賠償の責任を負う。
2　前項の規定は、他人の代理人として契約をした者が代理権を有しないことを相手方が知っていたとき、若しくは過失によって知らなかったとき、又は他人の代理人として契約をした者が行為能力を有しなかったときは、適用しない。

改正法

（無権代理人の責任）
第117条　他人の代理人として契約をした者は、自己の代理権を証明したとき、又は本人の追認を得たときを除き、相手方の選択に従い、相手方に対して履行又は損害賠償の責任を負う。
2　前項の規定は、次に掲げる場合には、適用しない。
　一　他人の代理人として契約をした者が代理権を有しないことを相手方が知っていたとき。
　二　他人の代理人として契約をした者が代理権を有しないことを相手方が過失によって知らなかったとき。ただし、他人の代理人として契約をした者が自己に代理権がないことを知っていたときは、この限りでない。
　三　他人の代理人として契約をした者が行為能力の制限を受けていたとき。

　現民法117条（無権代理人の責任）は1項において、代理権を有しない無権代理人が、本人からの追認（本人にその効果が帰属することを認めること）を得られない場合には、無権代理行為の相手方が、無権代理人に対して、締結した契約の履行または損害賠償を求めることのいずれかを選択できる

という原則を定めています。もっとも、同条2項は、無権代理行為の相手方が、代理権の不存在について知っていた場合または知らなかったことにつき過失がある場合には、無権代理人に対して履行または損害賠償を求めることができないことを、上記の原則に対する例外として定めています。

改正法117条は、1項において現民法117条1項を維持し、2項において現民法117条2項を基本的に維持した上で、改正法117条2項2号但書において、無権代理人が自己に代理権がないことを知っていた場合には、相手方は代理権がないことを知らなかったことにつき過失があったとしても、無権代理人の責任を追及することができる旨を新たに定めました。

(2) 委任契約・顧問契約に与える影響

改正法117条が適用される場面として、先に挙げた成人の息子が勝手に父親を代理して司法書士と委任契約を締結した例で、当該司法書士が前述の表見代理に関する規定によって保護されないような場合が例として挙げられます。この場合、当該司法書士は、表見代理の規定が適用されない以上、本人である父親に対して、委任契約が帰属していると主張して、報酬の請求をすることはできません。もっとも、当該司法書士は、改正法117条1項に基づき、無権代理人である息子に対して、委任契約に従って報酬を支払うことを請求し（履行の請求）、または、報酬相当額について損害賠償を請求することができます（損害賠償の請求）。

ただし、これらの場合でも、当該司法書士が息子に代理権がないことを知っていた場合（改正法117Ⅱ①）、代理権がないことを過失によって知らなかった場合（同②）、息子が未成年者であるなど行為能力の制限を受けていた場合（同③）は、息子に対して責任を追及することができません。

したがって、代理人と契約を締結する際には、委任状のみならず、本人に代理権の付与に関して確認する、あるいは印鑑証明の提出を求めるなどして代理権を確認し、また、身分証明等を求めるなどして可能な限り代理

人が制限行為能力者ではないことなどを確認するよう心がけるべきであるといえます。

第Ⅱ節 無効及び取消し──依頼者が認知症であった場合に注意すべき点

　契約の締結等の法律行為をする上で、その前提として意思能力が必要となります。意思能力とは、第1章第Ⅳ節でも述べたとおり、自己の締結する契約等の意味内容を理解・判断する能力をいい[13]一般的には、7～10歳児程度の能力といわれています[14]。認知症等で自己の行為の及ぼす影響を理解する知的能力を欠く場合には、この意思能力が否定される場合があります。

　意思能力を欠く者が締結した契約は無効とされます。また、上述した制限行為能力者が締結した契約も、取り消された場合にははじめから無効であったものとみなされます（民121）。ここでは、契約等が無効とされた場合の効果について述べます。社会の高齢化が加速度的に進行している現在、意思能力及び行為能力の問題は特に注意すべき問題といえるかもしれません。

---

[13] 谷口知平他編『新版 注釈民法（1）総則（1）通則・人（改訂版）』（有斐閣、2002年）274頁
[14] 佐久間毅『民法の基礎1──総則（第3版）』（有斐閣、2008年）82頁

**契約（法律行為）が無効である場合
または取り消された場合の効果**

（1）改正法の内容

現民法

規定なし

改正法

（原状回復の義務）
第121条の2　無効な行為に基づく債務の履行として給付を受けた者は、相手方を原状に復させる義務を負う。
2　前項の規定にかかわらず、無効な無償行為に基づく債務の履行として給付を受けた者は、給付を受けた当時その行為が無効であること（給付を受けた後に前条の規定により初めから無効であったものとみなされた行為にあっては、給付を受けた当時その行為が取り消すことができるものであること）を知らなかったときは、その行為によって現に利益を受けている限度において、返還の義務を負う。
3　第1項の規定にかかわらず、行為の時に意思能力を有しなかった者は、その行為によって現に利益を受けている限度において、返還の義務を負う。行為の時に制限行為能力者であった者についても、同様とする。

　現民法上、契約が無効となった場合の効果に関する規定は置かれていません。もっとも、無効な契約ははじめからなかったものとして扱われるため、無効な契約に基づいて給付がなされた場合には、法律上の原因なきものとして一般的には不当利得（民703以下）として給付者に返還されなければならないものとされています[15]。

　改正法は、上記のように定め、契約が無効となった場合（取り消された場合（民121）も含みます）について明文化しました。法律行為がはじめからなかったものとして扱われる以上、当該法律行為がなかった状態に復す

---

[15] 於保不二雄・奥田昌道編『新版 注釈民法（4）総則（4）法律行為（2）』（有斐閣、2015年）404頁

るべき、という考え方を実現する規定となっています[16]。

> ## Q 2-8 給付された物が返還できない場合
> 無効な契約に基づいて給付された物が、当該物の滅失や第三者への譲渡などにより返還ができない場合はどうなりますか。
>
> **A** 無効な契約に基づいて給付された物の現物返還が不能となった場合には、代わりにその価額を支払う義務が生じると考えられています。改正法121条の2第2項において例外的に善意者の原状回復義務が現存する利益に限定されていることの反対解釈から、原則としては価額の全額を返還しなければならないとされていることが導かれます[17]。

(2) 委任契約・顧問契約に与える影響

委任契約・顧問契約との関係で改正法121条の2が適用される場面としては、依頼者が認知症などにより意思無能力である場合が挙げられます。

依頼者が重度の認知症で、契約締結時に意思無能力であったと判断されれば、受領した報酬や顧問料は依頼者に返還しなければならなくなります（改正法121の2Ⅰ）。この場合、依頼者が意思無能力であることを知らず、受領した報酬や顧問料を他の債務への弁済や経費の支払いに充てた場合でも、本来であれば自己の財産を充てるべき支出をせずに済んでいるため、「現に利益を受けている」と判断されます。したがって、この場合には改正法121条の2第2項により保護されず、受領した報酬や顧問料は全額返還しなければなりません[18]。一方、依頼者が成果物を受領している場合

---

[16] 部会資料66A・36頁
[17] 部会資料66A・36頁

は、その返還を受けることになります。

　意思能力の有無の判断は画一的な基準があるわけではなく、行為能力と異なり審判の有無や年齢等により明確化されているわけではないため、契約の締結を求めてきた依頼者が意思無能力かどうかの判断は必ずしも容易ではありません。したがって、依頼者が認知症を疑わせるような言動に及んでいる場合には、上述のとおり報酬や顧問料の返還をめぐるトラブルが生じる可能性があり、慎重に対応をする必要があります。

2　取り消すことができる契約（行為）の追認（民法第124条関係）

（1）改正法の内容

> **現民法**
>
> （追認の要件）
> 第124条　追認は、取消しの原因となっていた状況が消滅した後にしなければ、その効力を生じない。
> 2　成年被後見人は、行為能力者となった後にその行為を了知したときは、その了知をした後でなければ、追認をすることができない。
> 3　前二項の規定は、法定代理人又は制限行為能力者の保佐人若しくは補助人が追認をする場合には、適用しない。

18　民法121条の「現に利益を受けている」について、大判昭和7年10月26日民集11巻1920頁参照

第2章　民法改正が委任契約・顧問契約に与える影響（総則・債権総論）

> **改正法**
>
> （追認の要件）
> 第124条　取り消すことができる行為の追認は、取消しの原因となっていた状況が消滅し、かつ、取消権を有することを知った後にしなければ、その効力を生じない。
> 2　次に掲げる場合には、前項の追認は、取消しの原因となっていた状況が消滅した後にすることを要しない。
> 　一　法定代理人又は制限行為能力者の保佐人若しくは補助人が追認をするとき。
> 　二　制限行為能力者（成年被後見人を除く。）が法定代理人、保佐人又は補助人の同意を得て追認をするとき。

　取消しが可能な契約は、取り消されると遡って無効となります（民121）が、逆に、追認をすることで確定的に有効となり、その後は取り消すことができなくなります（民122）。この追認が認められるための要件として、民法124条（追認の要件）は、1項において、取消しの原因となっていた状況が消滅したことと定めています。

　また、2項において、成年被後見人が行為能力者になった後にする追認について、その行為を了知した後でなければできないとしています。しかし、判例法理[19]において、取り消すことができる法律行為の追認をするには法律行為を取り消すことができるものであることを知ってする必要があるとされていることを受けて、改正法124条1項にてこの判例法理を明文化し、これにより成年被後見人に限って規定していた民法124条2項は重複するため削除されました。

　また、改正法124条2項1号は民法124条3項を維持するものですが、改正法124条2項2号は制限行為能力者が法定代理人・保佐人・補助人の同意を得て追認することができることを新たに明文化したものです。

---

[19]　大判大正5年12月28日民録22輯2529頁

> **Q 2-9 取消しの原因となっていた状況の消滅について**
> 「取消しの原因となっていた状況が消滅」とは具体的にどのような場合をいいますか。
>
> **A** 取消しの原因としては、制限行為能力、錯誤、詐欺や強迫が挙げられます。したがって、「取消しの原因となっていた状況が消滅」とは、制限行為能力者が行為能力者となった場合、錯誤に陥っていた者が錯誤に気づいた場合、詐欺をされた者が詐欺に気づいた場合、強迫をされた者が畏怖状態から脱した場合をいいます。

（2）委任契約・顧問契約に与える影響

　委任契約・顧問契約との関係で改正法124条（追認の要件）が適用される場面としては、未成年であった依頼者が締結した委任契約・顧問契約につき、当該依頼者が成年後に追認をする場合が挙げられます。この場合、改正法124条1項により、当該依頼者の追認が認められるためには、当該依頼者が委任契約・顧問契約が取り消しうるものであること知ったことが必要となります。

　また、上記の例で、未成年者が締結した委任契約・顧問契約につき、その法定代理人である親が追認をする場合には、「取消しの原因となっていた状況が消滅した後にすることを要しない」ため、依頼者である未成年者が成人することを待つ必要はありません（改正法124Ⅱ①）。

第Ⅲ節 消滅時効──報酬はいつまで請求できるか、契約に基づく義務はいつまで負うのか

　受任者が依頼者との間で契約を締結した場合、報酬に関する合意がなされることが普通です。報酬は、契約に基づき支払われるべきものですが、場合によっては、依頼者が報酬の支払いを怠ることも考えられます。その場合、受任者は、依頼者に対し、いつまで報酬を請求できるのでしょうか。

　また、受任者の契約上の義務や、受任者が依頼者に対して負担することとなった損害賠償義務は、いつまで負うことになるのでしょうか。

　これらの点については消滅時効が問題となりますが、改正法では、消滅時効につき大きな改正がなされます。

1 債権の消滅時効はいつから起算して何年間で消滅するのか

（1）改正法の内容

❶　消滅時効の期間及び起算点

現民法

（消滅時効の進行等）
第166条　消滅時効は、権利を行使することができる時から進行する。
2　（略）
（債権等の消滅時効）
第167条　債権は、10年間行使しないときは、消滅する。
2　（略）

> **改正法**
>
> （債権等の消滅時効）
> 第166条　債権は、次に掲げる場合には、時効によって消滅する。
> 　一　債権者が権利を行使することができることを知った時から5年間行使しないとき。
> 　二　権利を行使することができる時から10年間行使しないとき。
> 2　（略）

　現民法は、債権の消滅時効に関して、「権利を行使することができる時」のみを起算点としていましたが、改正法では、この「権利を行使することができる時」という客観的起算点に加え、「債権者が権利を行使することができることを知った時」という主観的起算点が設けられることとなりました。また、改正法は、これまで原則10年間とされていた消滅時効期間を、主観的起算点から5年、客観的起算点から10年としました。

　さらに、現民法下では、時効期間10年の民事消滅時効と、商法522条に基づく時効期間5年の商事消滅時効がそれぞれ定められていましたが、商法522条は削除されることとなりました。

　そのため、債権については商行為によって生じたものであるか否かを問わず、改正法の民事消滅時効の規律が適用されることとなりました。

Q 2-10 消滅時効の主観的起算点

主観的起算点である「債権者が権利を行使することができることを知った時」（改正法166 Ⅰ ①）とは、どのような時点を指すのでしょうか。

A　まず、「債権者が権利を行使することができることを知った時」とは「権利を行使することができること及び債務者を知った時」を意

味します[20]。そして、「権利を行使することができること及び債務者を知った時」とは、債務者に対する権利行使が事実上可能な状況のもとにおいて、債権者がその請求が可能な程度にこれらを知った時を意味し（訴訟で勝訴する程度にまで認識する必要まではありません）、例えば、安全配慮義務違反に基づく損害賠償請求権であれば、一般人ならば安全配慮義務違反に基づく損害賠償請求権を行使し得ると判断するに足りる基礎事実を債権者が現実に認識した時点を指します[21]。

また、取引から生じた債権のうち、主たる給付に関するもの（例えば、売買契約における売買代金債権）については、通常、債権者が「権利を行使することができる時」に権利行使の可能性を認識しているため、債権者が「権利を行使することができる時」と「債権者が権利を行使することができることを知った時」とが一致するものと考えられます[22]。すなわち、この場合、原則的には、債権者が「権利を行使することができる時」（**Q2-11**参照）を指すことが多いと思われます。

Q2-11 消滅時効の客観的起算点

客観的起算点である「権利を行使することができる時」（改正法166Ⅰ②）とは、どのような時点を指すのでしょうか。

A 現民法下では、権利行使について法律上の障害がなくなった時とする見解と、権利行使が事実上期待可能になった時とする見解[23]との

---

[20] 部会資料80-3・1頁
[21] 部会資料69A・3頁
[22] 部会資料69A・8頁
[23] 最判昭和45年7月15日民集24巻7号771頁参照

対立がありましたが、改正法の下でも、「権利を行使することができる時」という要件の意味は、解釈に委ねられています。

例えば、弁済期の合意がなされている場合、前者の見解によると、弁済期が到来すれば、時効期間が開始しますが、後者の見解によれば、弁済期が到来したとはいえ、権利行使が事実上期待可能でなければ時効期間は開始しません。

なお、債務不履行に基づく損害賠償請求権については、本来の債務の履行を請求しうる時が、債権者が「権利を行使することができる時」とされています[24]。

Q 2-12 消滅時効の援用

債権は、消滅時効期間を経過すると、当然に時効消滅してしまうのでしょうか。

A 改正法145条は、「時効は、当事者（消滅時効にあっては、保証人、物上保証人、第三取得者その他権利の消滅について正当な利益を有する者を含む）が援用しなければ、裁判所がこれによって裁判をすることができない。」と定めています[25]。同条は、裁判上での時効の援用に限って規定しているように見えますが、裁判上であれ、裁判外であれ、消滅時効の効果は、消滅時効の利益を受ける意思表示をすることで初めて確定的に発生する旨を定めています[26]。判例も、時効による債権消滅

---

[24] 最判昭和35年11月1日民集14巻13号2781頁、最判平成10年4月24日判時1661号66頁
[25] なお、現民法145条は、「時効は、当事者が援用しなければ、裁判所がこれによって裁判をすることができない。」と定めています。改正法は、援用権者の範囲に関する解釈問題について、明文による解決を与えたものになります。

の効果は、時効期間の経過とともに確定的に生ずるものではなく、時効が援用されたときに初めて確定的に生ずると解しています[27]。そのため、消滅時効期間の経過により、当然に債権が時効消滅してしまうわけではありません。消滅時効の利益を受けるためには、時効の援用が必要となりますので、留意しておくべきでしょう。

なお、金銭の支払いを求める訴訟を提起され、消滅時効を援用できるにもかかわらず、消滅時効を援用しないで敗訴した場合には、後に当該消滅時効を援用することはできません[28]。相手方の請求を争う場合には、消滅時効の主張ができないかしっかり検討すべきであり、消滅時効の主張ができるのであれば、援用を忘れないようにしましょう。

❷ 職業別の短期消滅時効の廃止

現民法

（3年の短期消滅時効）
第170条　次に掲げる債権は、3年間行使しないときは、消滅する。ただし、第2号に掲げる債権の時効は、同号の工事が終了した時から起算する。
　一　医師、助産師又は薬剤師の診療、助産又は調剤に関する債権
　二　工事の設計、施工又は監理を業とする者の工事に関する債権
第171条　弁護士又は弁護士法人は事件が終了した時から、公証人はその職務を執行した時から3年を経過したときは、その職務に関して受け取った書類について、その責任を免れる。
（2年の短期消滅時効）
第172条　弁護士、弁護士法人又は公証人の職務に関する債権は、その原因となった事件が終了した時から2年間行使しないときは、消滅する。
2　前項の規定にかかわらず、同項の事件中の各事項が終了した時から5年を経過したときは、同項の期間内であっても、その事項に関する債権は、

---

[26] 学説における近時の多数説に基づく説明になります。
[27] 最判昭和61年3月17日民集40巻2号420頁
[28] 大判昭和14年3月29日大民集18巻370頁

消滅する。
第173条　次に掲げる債権は、2年間行使しないときは、消滅する。
　一　生産者、卸売商人又は小売商人が売却した産物又は商品の代価に係る債権
　二　自己の技能を用い、注文を受けて、物を製作し又は自己の仕事場で他人のために仕事をすることを業とする者の仕事に関する債権
　三　学芸又は技能の教育を行う者が生徒の教育、衣食又は寄宿の代価について有する債権
（1年の短期消滅時効）
第174条　次に掲げる債権は、1年間行使しないときは、消滅する。
　一　月又はこれより短い時期によって定めた使用人の給料に係る債権
　二　自己の労力の提供又は演芸を業とする者の報酬又はその供給した物の代価に係る債権
　三　運送賃に係る債権
　四　旅館、料理店、飲食店、貸席又は娯楽場の宿泊料、飲食料、席料、入場料、消費物の代価又は立替金に係る債権
　五　動産の損料に係る債権

改正法

第170条から第174条まで
削　除

　現民法では、民事消滅時効期間を10年とするとともに、職業別に5年よりも短い短期消滅時効が定められていました。しかし、時代の変化によって職業や契約内容が多様化し、現民法の各条に列挙されたものに隣接する類型の職種等が生じたことにより、短期消滅時効の適用を受ける債権であるか否かの判断が困難になってきました。

　また、時代の変化に伴い、現民法170条から174条に列挙されている債権とその他の債権との時効期間の差異を合理的に説明することが困難になってきました。

　そこで、改正法は、職業別の短期消滅時効を廃止することにしました[29]。そのため、改正法の下では、消滅時効期間は一律に、上述の主観的

起算点から5年、客観的起算点から10年となります。

その他の消滅時効の改正 — Column

消滅時効については、以上に紹介したものに加え、次のような改正がなされます。

●定期金債権の消滅時効

現民法

（定期金債権の消滅時効）
第168条　定期金の債権は、第1回の弁済期から20年間行使しないときは、消滅する。最後の弁済期から10年間行使しないときも、同様とする。
2　定期金の債権者は、時効の中断の証拠を得るため、いつでも、その債務者に対して承認書の交付を求めることができる。

（定期給付債権の短期消滅時効）
第169条　年又はこれより短い時期によって定めた金銭その他の物の給付を目的とする債権は、5年間行使しないときは、消滅する。

改正法

（定期金債権の消滅時効）
第168条　定期金の債権は、次に掲げる場合には、時効によって消滅する。
　一　債権者が定期金の債権から生ずる金銭その他の物の給付を目的とする各債権を行使することができることを知った時から10年間行使しないとき。
　二　前号に規定する各債権を行使することができる時から20年間行使しないとき。
2　定期金の債権者は、時効の更新の証拠を得るため、いつでも、その債務者に対して承認書の交付を求めることができる。
（筆者注：現民法169条は削除）

29　部会資料69A・8頁

定期金債権の例としては、例えばマンションの管理組合が組合員である区分所有者に対して有する管理費及び特別修繕費に係る債権が挙げられます[30]。

● 不法行為による損害賠償請求権の消滅時効

現民法

(不法行為による損害賠償請求権の期間の制限)
第724条　不法行為による損害賠償の請求権は、被害者又はその法定代理人が損害及び加害者を知った時から3年間行使しないときは、時効によって消滅する。不法行為の時から20年を経過したときも、同様とする。

改正法

(不法行為による損害賠償請求権の消滅時効)
第724条　不法行為による損害賠償の請求権は、次に掲げる場合には、時効によって消滅する。
一　被害者又はその法定代理人が損害及び加害者を知った時から3年間行使しないとき。
二　不法行為の時から20年間行使しないとき。
(人の生命又は身体を害する不法行為による損害賠償請求権の消滅時効)
第724条の2　人の生命又は身体を害する不法行為による損害賠償請求権の消滅時効についての前条第1号の規定の適用については、同号中「3年間」とあるのは、「5年間」とする。

不法行為による損害賠償請求権については、これまで3年の消滅時効と20年の除斥期間[31]が定められていましたが、改正法では、いずれも消滅時効として扱われることとなりました。

また、人の生命または身体を害する不法行為については、生命や身体の重要性に鑑み、消滅時効期間は、3年ではなく、5年とされています。

30　最判平成16年4月23日民集58巻4号959頁
31　除斥期間とは、当該期間内に権利を行使しなければならないとされる期間のことです。消滅時効とは異なり、援用は不要です。

（2）委任契約・顧問契約に与える影響

　公認会計士や税理士が行う業務は商行為には該当せず、また現民法の職業別の短期消滅時効に係る各規定にも該当しないため、現民法下では、起算点から10年を経過することによって、報酬請求権や損害賠償請求権は時効消滅していました。

　しかし、今般、債権については、主観的起算点から5年、客観的起算点から10年の経過をもって時効消滅することとなりました。そして、**Q 2-10**において述べたとおり、主観的起算点は客観的起算点と一致することが多いと考えられますので、実質的には、10年から5年に消滅時効期間が短縮されたと評価できると思われます。そのため、特に受任者が依頼者に対して有する債権については、消滅時効が完成することのないよう、消滅時効の管理に注意を払う必要があります。消滅時効の管理については、**2**で述べる時効の完成猶予及び更新について理解することが必要となります。

Q 2-13　委任に基づく債権の消滅時効期間

受任者の契約上の義務や、依頼者に対して負担することとなった損害賠償義務についても、同様の消滅時効期間が適用されるのでしょうか。また、消滅時効期間が経過した時点において、受任者が注意すべき点はあるでしょうか。

A　受任者が負担する契約上の義務や、依頼者に対して負担することとなった損害賠償義務についても、同様の消滅時効期間が適用されます。

　もっとも、債務者が消滅時効完成後に債務の承認をした場合には、時効完成の事実を知らなかったときでも、事後にその債務についてその完成した消滅時効を援用することは許されないとされています[32]。

32　最判昭和41年4月20日民集20巻4号702頁

そのため受任者としては、消滅時効期間の経過後に、かかる契約上の義務や、依頼者に対して負担することとなった損害賠償義務の存在を認めるような発言をして債務の承認をした場合、消滅時効を援用できなくなることに留意する必要があります。

一方、受任者が依頼者に対して有する報酬請求権につき、消滅時効期間を経過した場合でも、依頼者が報酬債務の存在を認めた場合には、受任者は依頼者に対して、報酬の支払いを求めることができます。

2 時効の完成が猶予される場合（完成猶予）と、時効期間がリセットされる場合（更新）

（1）改正法の内容

現民法

（時効の中断事由）
第147条　時効は、次に掲げる事由によって中断する。
　一　請求
　二　差押え、仮差押え又は仮処分
　三　承認
（時効の中断の効力が及ぶ者の範囲）
第148条　前条の規定による時効の中断は、その中断の事由が生じた当事者及びその承継人の間においてのみ、その効力を有する。
（裁判上の請求）
第149条　裁判上の請求は、訴えの却下又は取下げの場合には、時効の中断の効力を生じない。
（支払督促）
第150条　支払督促は、債権者が民事訴訟法第392条に規定する期間内に仮執行の宣言の申立てをしないことによりその効力を失うときは、時効の中断の効力を生じない。
（和解及び調停の申立て）
第151条　和解の申立て又は民事調停法（昭和26年法律第222号）若しくは家

事事件手続法(平成23年法律第52号)による調停の申立ては、相手方が出頭せず、又は和解若しくは調停が調わないときは、1箇月以内に訴えを提起しなければ、時効の中断の効力を生じない。
(破産手続参加等)
第152条　破産手続参加、再生手続参加又は更生手続参加は、債権者がその届出を取り下げ、又はその届出が却下されたときは、時効の中断の効力を生じない。
(催　告)
第153条　催告は、6箇月以内に、裁判上の請求、支払督促の申立て、和解の申立て、民事調停法若しくは家事事件手続法による調停の申立て、破産手続参加、再生手続参加、更生手続参加、差押え、仮差押え又は仮処分をしなければ、時効の中断の効力を生じない。
(差押え、仮差押え及び仮処分)
第154条　差押え、仮差押え及び仮処分は、権利者の請求により又は法律の規定に従わないことにより取り消されたときは、時効の中断の効力を生じない。
第155条　差押え、仮差押え及び仮処分は、時効の利益を受ける者に対してしないときは、その者に通知をした後でなければ、時効の中断の効力を生じない。
(承　認)
第156条　時効の中断の効力を生ずべき承認をするには、相手方の権利についての処分につき行為能力又は権限があることを要しない。
(中断後の時効の進行)
第157条　中断した時効は、その中断の事由が終了した時から、新たにその進行を始める。
2　裁判上の請求によって中断した時効は、裁判が確定した時から、新たにその進行を始める。
(未成年者又は成年被後見人と時効の停止)
第158条　時効の期間の満了前6箇月以内の間に未成年者又は成年被後見人に法定代理人がないときは、その未成年者若しくは成年被後見人が行為能力者となった時又は法定代理人が就職した時から6箇月を経過するまでの間は、その未成年者又は成年被後見人に対して、時効は、完成しない。
2　未成年者又は成年被後見人がその財産を管理する父、母又は後見人に対して権利を有するときは、その未成年者若しくは成年被後見人が行為能力者となった時又は後任の法定代理人が就職した時から6箇月を経過するまでの間は、その権利について、時効は、完成しない。

(夫婦間の権利の時効の停止)
第159条　夫婦の一方が他の一方に対して有する権利については、婚姻の解消の時から6箇月を経過するまでの間は、時効は、完成しない。
(相続財産に関する時効の停止)
第160条　相続財産に関しては、相続人が確定した時、管理人が選任された時又は破産手続開始の決定があった時から6箇月を経過するまでの間は、時効は、完成しない。
(天災等による時効の停止)
第161条　時効の期間の満了の時に当たり、天災その他避けることのできない事変のため時効を中断することができないときは、その障害が消滅した時から2週間を経過するまでの間は、時効は、完成しない。

改正法

(裁判上の請求等による時効の完成猶予及び更新)
第147条　次に掲げる事由がある場合には、その事由が終了する(確定判決又は確定判決と同一の効力を有するものによって権利が確定することなくその事由が終了した場合にあっては、その終了の時から6箇月を経過する)までの間は、時効は、完成しない。
　一　裁判上の請求
　二　支払督促
　三　民事訴訟法第275条第1項の和解又は民事調停法(昭和26年法律第222号)若しくは家事事件手続法(平成23年法律第52号)による調停
　四　破産手続参加、再生手続参加又は更生手続参加
2　前項の場合において、確定判決又は確定判決と同一の効力を有するものによって権利が確定したときは、時効は、同項各号に掲げる事由が終了した時から新たにその進行を始める。
(強制執行等による時効の完成猶予及び更新)
第148条　次に掲げる事由がある場合には、その事由が終了する(申立ての取下げ又は法律の規定に従わないことによる取消しによってその事由が終了した場合にあっては、その終了の時から6箇月を経過する)までの間は、時効は、完成しない。
　一　強制執行
　二　担保権の実行
　三　民事執行法(昭和54年法律第4号)第195条に規定する担保権の実行としての競売の例による競売

四　民事執行法第196条に規定する財産開示手続
２　前項の場合には、時効は、同項各号に掲げる事由が終了した時から新たにその進行を始める。ただし、申立ての取下げ又は法律の規定に従わないことによる取消しによってその事由が終了した場合は、この限りでない。
（仮差押え等による時効の完成猶予）
第149条　次に掲げる事由がある場合には、その事由が終了した時から6箇月を経過するまでの間は、時効は、完成しない。
　一　仮差押え
　二　仮処分
（催告による時効の完成猶予）
第150条　催告があったときは、その時から6箇月を経過するまでの間は、時効は、完成しない。
２　催告によって時効の完成が猶予されている間にされた再度の催告は、前項の規定による時効の完成猶予の効力を有しない。
（協議を行う旨の合意による時効の完成猶予）
第151条　権利についての協議を行う旨の合意が書面でされたときは、次に掲げる時のいずれか早い時までの間は、時効は、完成しない。
　一　その合意があった時から1年を経過した時
　二　その合意において当事者が協議を行う期間（1年に満たないものに限る。）を定めたときは、その期間を経過した時
　三　当事者の一方から相手方に対して協議の続行を拒絶する旨の通知が書面でされたときは、その通知の時から6箇月を経過した時
２　前項の規定により時効の完成が猶予されている間にされた再度の同項の合意は、同項の規定による時効の完成猶予の効力を有する。ただし、その効力は、時効の完成が猶予されなかったとすれば時効が完成すべき時から通じて5年を超えることができない。
３　催告によって時効の完成が猶予されている間にされた第1項の合意は、同項の規定による時効の完成猶予の効力を有しない。同項の規定により時効の完成が猶予されている間にされた催告についても、同様とする。
４　第1項の合意がその内容を記録した電磁的記録（電子的方式、電磁的方式その他人の知覚によっては認識することができない方式で作られる記録であって、電子計算機による情報処理の用に供されるものをいう。以下同じ。）によってされたときは、その合意は、書面によってされたものとみなして、前3項の規定を適用する。
５　前項の規定は、第1項第3号の通知について準用する。
（承認による時効の更新）

第152条　時効は、権利の承認があったときは、その時から新たにその進行を始める。
2　前項の承認をするには、相手方の権利についての処分につき行為能力の制限を受けていないこと又は権限があることを要しない。
（時効の完成猶予又は更新の効力が及ぶ者の範囲）
第153条　第147条又は第148条の規定による時効の完成猶予又は更新は、完成猶予又は更新の事由が生じた当事者及びその承継人の間においてのみ、その効力を有する。
2　第149条から第151条までの規定による時効の完成猶予は、完成猶予の事由が生じた当事者及びその承継人の間においてのみ、その効力を有する。
3　前条の規定による時効の更新は、更新の事由が生じた当事者及びその承継人の間においてのみ、その効力を有する。
第154条　第148条第1項各号又は第149条各号に掲げる事由に係る手続は、時効の利益を受ける者に対してしないときは、その者に通知をした後でなければ、第148条又は第149条の規定による時効の完成猶予又は更新の効力を生じない。
第155条から第157条まで
　　削　除
（未成年者又は成年被後見人と時効の完成猶予）
第158条　（略）
　　※　見出しの変更のみで、条項に変更はありません。以下第160条まで同様です。
（夫婦間の権利の時効の完成猶予）
第159条　（略）
（相続財産に関する時効の完成猶予）
第160条　（略）
（天災等による時効の完成猶予）
第161条　時効の期間の満了の時に当たり、天災その他避けることのできない事変のため第147条第1項各号又は第148条第1項各号に掲げる事由に係る手続を行うことができないときは、その障害が消滅した時から3箇月を経過するまでの間は、時効は、完成しない。

　改正法は、現民法の下で「中断」、「停止」とされていた概念を、それぞれ「更新」、「完成猶予」に変更しています（Q2-14）。
　現民法下で中断・停止といった時効障害が生じる根拠として説かれてい

るものには、次の2つがあります。
(a) 当該事実が認められる場合には債権者が権利行使の意思を明らかにしていると評価できるもの
(b) 当該事実が認められる場合には債権（権利）の存在について確証が得られたと評価できるもの

改正法は、(a)を完成猶予事由に振り分けるとともに、(b)を更新事由に振り分けています。改正法の規定する完成猶予事由及び更新事由をまとめると、次の図表のとおりとなります。

改正法	事由	現民法	改正	備考
147 I	裁判上の請求	中断	完成猶予	各事由が終了する（権利が確定されることなく終了した場合には、その終了時から6か月を経過する時）まで完成猶予
	支払督促	中断	完成猶予	
	調停	中断	完成猶予	
	破産手続参加 再生手続参加 更生手続参加	中断	完成猶予	
147 II	確定判決等による権利確定	中断	更新	改正法147 I 各号の事由が終了した時から新たに進行
148 I	強制執行	「差押え」は中断事由※1	完成猶予	各事由が終了する（申立ての取下げまたは法律の規定に従わないことによる取消しによってその事由が終了した場合にあっては、その終了の時から6か月を経過する）まで完成猶予
	担保権の実行	不明確※2	完成猶予	
	形式競売	不明確※2	完成猶予	
	財産開示手続	不明確※2	完成猶予	
148 II	改正法148 I 各号の手続では権利の満足に至らなかった場合	中断	更新	改正法148 I の各事由が終了した時から新たに進行

149	仮差押え・仮処分	中　断	完成猶予	当該事由が終了した時から6か月を経過するまで完成猶予
150	催　告	中　断	完成猶予	催告時から6か月を経過するまで完成猶予
151	協　議	——※3	完成猶予	
152	承　認	中　断	更新	承認時から新たに進行
161	天災その他避けることのできない事変	停　止（2週間）	完成猶予	障害が消滅した時から3か月を経過するまで完成猶予

※1　現民法では、「差押え」が時効中断事由となる旨定められていますが、差押えを経ない代替執行や間接強制などの強制執行が、時効中断事由になるか不明確でした。改正法は、これらも完成猶予事由になることを明らかにしました（部会資料69A・18頁）。

※2　現民法では、「差押え」という概念に、担保権の実行としての競売（民事執行法1、181以下）や形式的競売（同法195）、財産開示手続（同法196以下）が含まれるのか不明確でした。改正法は、これらも完成猶予事由になることを明らかにしました（部会資料69A・18頁）。

※3　現民法下では規定されていなかったものであり、改正法において初めて規定されたものです（Q2-16「協議による時効の完成猶予」）。

Q2-14 時効の「完成猶予」と「更新」

時効の「完成猶予」及び「更新」とは、どのようなものでしょうか。

A 時効の完成猶予とは、一定期間時効の完成を猶予するというものです。

これに対し、時効の更新とは、これまで進行していた時効期間をリセットし、新たに時効期間の進行を開始するというものです。

Q 2-15 再度の催告の効力

図表によれば、催告をすれば、催告時から6か月を経過するまで時効の完成が猶予されるとされています。それでは、催告を繰り返すことにより、時効の完成を無限に猶予することは可能でしょうか。

A 改正法150条2項は、「催告によって時効の完成が猶予されている間にされた再度の催告は、前項の規定による時効の完成猶予の効力を有しない。」と規定しています。そのため、催告を繰り返すことにより、時効の完成を無限に猶予することはできません。現民法下では同様の規定はありませんでしたが、この点は、既に判例[33]が述べていたところであり、改正法はかかる判例の考え方を明文化したものになります。

そのため、再度時効の完成を妨げるには、催告ではなく、訴訟提起等が必要となりますので、留意が必要です。

Q 2-16 協議による時効の完成猶予

協議による時効の完成猶予とは、どのようなものでしょうか。

A 当事者間で「権利に関する協議を行う」旨の合意を書面（電磁的記録を含みます）で行った場合に、消滅時効の完成が猶予されるというものです。

現民法下では、当事者間において権利をめぐる争いを自発的に解決するために協議を継続していても、時効の完成が間際となった場合には、その完成を阻止するためだけに時効中断の措置を採るため、訴え

---

[33] 大判大正8年6月30日民録25輯1200頁

を提起するなどの必要がありました。しかし、協議の継続中は、権利者が時効中断の措置をとらないことをもって権利行使を怠っているとはいえず、また、義務者の側も、権利者が強硬な手段に出ることはないだろうと期待しているといえます。そこで、協議の継続中には、時効の完成を猶予し、権利者が時効完成を阻止するためだけに時効中断の措置を採ることを回避できるようにする必要があります。協議による時効の完成猶予の制度は、以上の考慮により、新たに設けられたものです[34]。

　この協議による時効の完成猶予の猶予期間は、以下のとおりです。まず、「権利に関する協議を行う」旨の合意において、協議を行う期間の定めを設けたか、またどのくらいの期間を設けたかに応じて、次の図表の「比較する時点」を導きます。その上で、当該「比較する時点」と「当事者の一方が相手方に対して『協議の続行を拒絶する』旨の『書面による通知』をした時から6か月を経過した時」とを比較し、いずれか早い時までの間は、時効が完成しません。

協議を行う期間の定め	比較する時点
合意に期間の定めのない場合	合意があった時から1年を経過した時
合意に1年未満の期間の定めのある場合	合意があった時から左記期間を経過した時
合意に1年以上の期間の定めがある場合	合意があった時から1年を経過した時

　この協議による時効の完成猶予は、これによる時効の完成が猶予されなかったとすれば時効期間が満了すべき時から通じて、最大5年まで認められます（改正法151Ⅱ）。

---

[34] 部会資料69A・21頁

（2）委任契約・顧問契約に与える影響

　依頼者に対する報酬債権について消滅時効が完成しそうな場合には、（1）で述べたような「更新」または「完成猶予」の方策を採る必要があります。なお、これまで「裁判上の請求」は時効中断事由とされていましたが、改正法では完成猶予事由に変更されています。もっとも、確定判決または裁判上の和解など確定判決と同一の効力を有するものによって権利が確定したときは更新され、例えば、裁判上の請求であれば、裁判が確定した時、和解または調停であれば、和解または調停が成立した時から新たに時効が進行することになります。

　これに対し、依頼者の受任者に対する損害賠償債権については、依頼者において消滅時効の更新または完成猶予をさせるため、催告などを行う可能性があります。依頼者自身が行う行為を受任者が止める術は考え難いですが、債務の「承認」については注意しておくことが賢明でしょう。消滅時効における「承認」とは、時効の利益を受ける当事者が時効によって権利を喪失する者に対し、その権利が存在することを知っている旨を表示することを意味します[35]。そのため、例えば、受任者が、依頼者から債務不履行に基づく損害賠償を求められ、執拗な催促に応じて、損害賠償義務の一部弁済として金銭を支払ってしまった場合には、債務を承認したものと認められ、時効が更新されてしまう可能性があります[36]。損害賠償義務の存在を争う場合には、債務不履行の成否について争うことは勿論ですが、消滅時効の主張も可能にするため、債務の承認とならないよう配慮することが必要となります。

　また、上記いずれの場合においても、協議による時効の完成猶予を検討することが考えられます。この場合、書面または電磁的記録によってなす必要がありますので（口頭合意では不可）、留意が必要です。

---

[35] 我妻榮＝有泉亨＝清水誠＝田山輝明『我妻・有泉コンメンタール民法―総則・物権・債権―（第4版）』（日本評論社、2016年）316頁

[36] 大判大正8年12月26日民録25輯2429頁

第Ⅳ節 法定利率——契約書に利率を定めていなかった場合の利率

　依頼者が期限を過ぎても報酬を支払わない場合、受任者は、原則として、報酬に加え遅延損害金の支払いを求めることができます。また、受任者が債務不履行に陥った場合には、依頼者に対して損害賠償義務を負うこととなりますが、それに加えて遅延損害金の支払いを求められる可能性があります。

　これらの遅延損害金は、改正法の下で、どのように計算されるのでしょうか。

1　法定利率が変動制に（民法第404条関係）

（1）改正法の内容

❶　法定利率

> **現民法**
> （法定利率）
> 第404条　利息を生ずべき債権について別段の意思表示がないときは、その利率は、年5分とする。

> **改正法**
>
> (法定利率)
> 第404条　利息を生ずべき債権について別段の意思表示がないときは、その利率は、その利息が生じた最初の時点における法定利率による。
> 2　法定利率は、年3パーセントとする。
> 3　前項の規定にかかわらず、法定利率は、法務省令で定めるところにより、3年を1期とし、1期ごとに、次項の規定により変動するものとする。
> 4　各期における法定利率は、この項の規定により法定利率に変動があった期のうち直近のもの(以下この項において「直近変動期」という。)における基準割合と当期における基準割合との差に相当する割合(その割合に1パーセント未満の端数があるときは、これを切り捨てる。)を直近変動期における法定利率に加算し、又は減算した割合とする。
> 5　前項に規定する「基準割合」とは、法務省令で定めるところにより、各期の初日の属する年の6年前の年の1月から前々年の12月までの各月における短期貸付けの平均利率(当該各月において銀行が新たに行った貸付け(貸付期間が1年未満のものに限る。)に係る利率の平均をいう。)の合計を60で除して計算した割合(その割合に0.1パーセント未満の端数があるときは、これを切り捨てる。)として法務大臣が告示するものをいう。

　これまで、民事法定利率は、年5分とされていましたが、市中の金利との間に大きな乖離が生じているのが現状です。また、現民法の立法当初より、経済変動に応じて法定利率を改正する必要が生じ得ることも指摘されていました[37]。そこで、改正法は、法定利率を年3分とするとともに、法務省令で定めるところにより、3年ごとに、3年を1期として随時変動させることにしました。

　また、これまでは民事法定利率と商事法定利率とが区別され、前者は年5分、後者は年6分で固定されていましたが、今般、商事法定利率(商法514)は廃止されることとなり、民事・商事を区別することなく、法定利率につき改正法の変動制が適用されることとなりました。

---

[37]　部会資料74B・1頁

❷ 金銭債務の特則

現民法
（金銭債務の特則）
第419条　金銭の給付を目的とする債務の不履行については、その損害賠償の額は、法定利率によって定める。ただし、約定利率が法定利率を超えるときは、約定利率による。
2　（略）

改正法
（金銭債務の特則）
第419条　金銭の給付を目的とする債務の不履行については、その損害賠償の額は、債務者が遅滞の責任を負った最初の時点における法定利率によって定める。ただし、約定利率が法定利率を超えるときは、約定利率による。
2　（略）

　現民法の民事法定利率を変動制による法定利率に移行することに伴い、遅延損害金（遅延利息）を算定する際の法定利率の基準時が問題になります。この点、改正法は、遅延損害金（遅延利息）の算定に関し、「債務者が遅滞の責任を負った最初の時点における法定利率によって定める」旨を明らかにしました。

（2）委任契約・顧問契約に与える影響

　変動制による法定利率に移行することに伴い、市中の金利に見合う利率となることとなりました。顧問契約における顧問料の支払期限を徒過した場合における損害賠償額（遅延損害金）については、期限を徒過し、遅滞の責任を負った最初の時点における法定利率に基づき算定されることとなります。そのため、どの時点の法定利率が適用されるかに気を配る必要があります。

　もっとも、利息につき法定利率が適用されるのは、「利息を生ずべき債

権について別段の意思表示がないとき」(改正法404Ⅰ)とされており、また、顧問料など、金銭の給付を目的とする債務の不履行についての損害賠償額(遅延損害金)を算定する場合にあたっては、「約定利率が法定利率を超えるときは、その約定利率による。」(改正法419Ⅰ但書)とされています。そこで、遅延損害金の額を固定しておくため、法定利率を超える約定利率を定めておくという方法が考えられます(もっとも、改正法の下では、法定利率は変動するため、ある一定の約定利率を定めたとしても、当該約定利率が常に法定利率を上回ることになるとは言い切れません)。

Q 2-17 不可抗力の抗弁の可否

受任者が、報酬の支払いを怠った依頼者に対して遅延損害金の支払いを求めると、依頼者から「銀行にシステム障害が生じたため、報酬を送金することができなかった。」と言われました。この場合、受任者は、依頼者に対して、遅延損害金の支払いを求めることができないのでしょうか。

A 民法419条3項によれば、金銭の給付を目的とする債務の不履行に基づく損害賠償については、債務者は、不可抗力をもって抗弁することができないとされています。よって、依頼者が報酬を支払えなかったことが、不可抗力を理由とするものであったとしても、受任者は、依頼者に対して、遅延損害金の支払いを求めることができると解されます。

Q 2-18 報酬債務の不履行と遅延損害金

受任者が、依頼者から支払われる予定の報酬をもって、台数限定販売の自動車を買うことを考え、自動車販売会社と売買契約を締結しました。しかし、依頼者から期限どおりに報酬が支払われなかったため、自動車販売会社に対して代金を支払うことができず、受任者は売買契約を解除されました。当該自動車は完売となり、中古車市場ではプレミア価値がついていました。この場合、受任者は、依頼者に対して、当該プレミア価値相当額の賠償を請求できるでしょうか。

A 民法419条1項及び2項によれば、金銭の給付を目的とする債務の不履行に基づく損害賠償の額については、約定利率または法定利率によって定めるものとし、債権者は、損害の証明をすることを要しないとされています。判例[38]・通説は、この規定の反面として、たとえそれ以上の損害が生じたことを立証しても、債務者に対し、その賠償を請求することはできないと考えています。よって、受任者は、依頼者に対して、当該プレミア価値相当額の賠償を請求することはできず、約定利率または法定利率により算定された遅延損害金の支払いを請求できるに過ぎません。

---

[38] 最判昭和48年10月11日判時723号44頁

2 中間利息控除

(1) 改正法の内容

現民法

規定なし

改正法

(中間利息の控除)
第417条の2　将来において取得すべき利益についての損害賠償の額を定める場合において、その利益を取得すべき時までの利息相当額を控除するときは、その損害賠償の請求権が生じた時点における法定利率により、これをする。
2　将来において負担すべき費用についての損害賠償の額を定める場合において、その費用を負担すべき時までの利息相当額を控除するときも、前項と同様とする。

　法定利率変動制に移行することに伴い、中間利息控除において適用すべき法定利率の基準時を明らかにした規定になります。

(2) 委任契約・顧問契約に与える影響

　委任契約・顧問契約に関し、中間利息控除が問題となるような場合はあまり想定できず、中間利息控除に係る改正法の規律が委任契約・顧問契約に与える影響は小さいといえるでしょう。

第Ⅴ節 債務不履行による損害賠償——委任契約・顧問契約によりいかなる責任を負うのか

　受任者は、債務不履行に陥った場合、依頼者に対して損害賠償責任を負う可能性があります。しかし、当然のことながら、なるべくそのような事態は避けたいところです。

　そのためにも、受任者としては、依頼者に対し、いかなる要件の下で、どのような内容の損害賠償責任を負うのか、またそれに対してどのような反論をすることができるのか、適切な理解をしておくことが望ましいといえます。

1 債務の履行に代わる損害賠償の要件

(1) 改正法の内容

現民法

（債務不履行による損害賠償）
第415条　債務者がその債務の本旨に従った履行をしないときは、債権者は、これによって生じた損害の賠償を請求することができる。債務者の責めに帰すべき事由によって履行をすることができなくなったときも、同様とする。

改正法

（債務不履行による損害賠償）
第415条　債務者がその債務の本旨に従った履行をしないとき又は債務の履行が不能であるときは、債権者は、これによって生じた損害の賠償を請求

することができる。ただし、その債務の不履行が契約その他の債務の発生原因及び取引上の社会通念に照らして債務者の責めに帰することができない事由によるものであるときは、この限りでない。
2　前項の規定により損害賠償の請求をすることができる場合において、債権者は、次に掲げるときは、債務の履行に代わる損害賠償の請求をすることができる。
一　債務の履行が不能であるとき。
二　債務者がその債務の履行を拒絶する意思を明確に表示したとき。
三　債務が契約によって生じたものである場合において、その契約が解除され、又は債務の不履行による契約の解除権が発生したとき。

　現民法は、債務不履行による損害賠償について、415条（債務不履行による損害賠償）のみを置き、どのような場合に債務の履行に代わる損害賠償（填補賠償）[39]を請求することができるのか明らかとはなっていませんでした。これに対し、改正法は、415条2項において、填補賠償が認められる場合として、3つの場合を定めました。

Q 2-19　履行不能による損害賠償請求

「債務の履行が不能であるとき」（改正法415Ⅱ①）とは、どのような場合でしょうか。

A　まず、債務の対象（客体）が不存在または滅失した場合が「債務の履行が不能であるとき」（＝履行不能）に該当することは勿論です。履行不能と認められる場合には、この履行が物理的に不可能な場合だけではなく、履行が物理的には可能であるものの、経済的に履行が不能である場合（債務を履行するにあたって巨額の経費を要する場合など）や、法律上、履行が不能であると認められる場合も含みます[40]。法律

---

[39]　例えば、売買契約において商品の引渡しが不能になった場合における、当該商品価値相当額の賠償などを挙げることができます。

上、履行が不能であると認められる場合とは、例えば、次の図表のような場合です。建物の所有者AがBに当該建物を売りましたが、所有権移転登記手続を行わない間に、AがCに当該建物を売却し、かつ、Cに対して所有権移転登記手続を行った場合、建物自体は滅失していませんが、AのBに対する所有権移転義務は、法律上、履行不能となります。

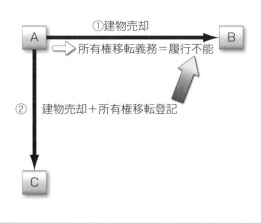

Q 2-20 履行拒絶による損害賠償請求

「債務者がその債務の履行を拒絶する意思を明確に表示したとき」（改正法415Ⅱ②）とは、どのような場合でしょうか。

A 東京地判昭和34年6月5日判時192号21頁は、「債務者においてその債務…の履行を履行期日の経過前に強く拒絶し続け、その主観においても履行の意思の片りんだにもみられず、一方その客観的状況から

---

40 我妻榮＝有泉享＝清水誠＝田山輝明『我妻・有泉コンメンタール民法—総則・物件・債権—（第4版）』（日本評論社、2016年）764頁

みても、右の拒絶の意思をひるがえすことが全く期待できないような状態」であれば、「履行不能」と同一の法的評価を受けてもよいとしています。

現民法下においても、このようないわゆる「確定的履行拒絶」は、履行不能に類似するものとして扱われていました。

Q 2-21 解除などによる損害賠償請求

改正法415条2項3号は、どのような場合を想定しているのでしょうか。

A 同号は、①契約が解除された場合、②債務の不履行による契約の解除権が発生した場合の2つの場合について規定しています。債務不履行解除のほか、合意解除がなされた場合には、①に該当することとなります。②は、債務不履行に基づく解除の要件（第Ⅵ節参照）は認められますが、未だ解除がなされていないといった場合を想定しています。例えば、履行遅滞後に債権者が履行を催告したにもかかわらず、相当期間を経過してもなお債務者が履行をしなかった場合などがあります[41]。

この場合、契約に基づく本来的債務の履行請求権と債務不履行による損害賠償請求権が併存することとなり、債権者としては、いずれを行使することもできます。

41　大判昭和8年6月13日民集12巻1437頁

(2) 委任契約・顧問契約に与える影響

　改正法は、債務の履行に代わる損害賠償請求が可能となる場合として、以上の3つの場合（Q2-19～Q2-21）を定めました。依頼者が受任者に対して債務の履行に代わる損害賠償請求を行ってきた場合には、受任者としては、改正法415条2項各号の要件該当性を争うことも考えられます。そこで、同要件について理解しておくことが望ましいでしょう。

Q2-22 委任契約における履行不能

委任契約において、「債務の履行が不能であるとき」（改正法415Ⅱ①）とは、どのような場合でしょうか。

A　例えば、土地の売買契約成立後、売主Aと買主Xとが司法書士Yに所有権移転登記手続を委託し、関係書類をYに交付したが、その後、YはXの同意なく交付を受けた書類をAに返還し、結局、土地所有権はBに移り、Xは所有権を取得し得なくなった事案で、YのXに対する委任契約上の債務は（Yの責めに帰すべき事由により）履行不能になったとした事例があります[42]。これは、社会通念上、履行が不能な場合に該当します。

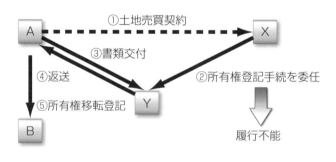

42　最判昭和53年7月10日民集32巻5号868頁

2　履行遅滞中に履行が不能となった場合

（1）改正法の内容

現民法

規定なし

改正法

（履行遅滞中又は受領遅滞中の履行不能と帰責事由）
第413条の2　債務者がその債務について遅滞の責任を負っている間に当事者双方の責めに帰することができない事由によってその債務の履行が不能となったときは、その履行の不能は、債務者の責めに帰すべき事由によるものとみなす。
2　債権者が債務の履行を受けることを拒み、又は受けることができない場合において、履行の提供があった時以後に当事者双方の責めに帰することができない事由によってその債務の履行が不能となったときは、その履行の不能は、債権者の責めに帰すべき事由によるものとみなす。

改正法は、履行遅滞中または受領遅滞中に履行不能になった場合につき、履行不能自体が債務者の責めに帰すべき事由によるものでなかったとしても、債務者の責めに帰すべき事由によるものとみなすこととしました。

債務者に帰責事由がある履行遅滞中に履行不能が生じた場合には、履行不能につき債務者の帰責事由がない場合であっても、債務者は不履行による損害賠償責任を負うとするのが判例[43]・通説であり、改正法は、これを明文化したものになります[44]。

43　大判明治39年10月29日民録12輯1358頁
44　部会資料68A・12頁

Q 2-23 履行遅滞中の履行不能

履行遅滞中に履行不能が生じた場合には、必ず債務不履行責任を免れられないこととなるのでしょうか。

A 履行遅滞とならなくても同じ結果になった場合には、履行不能と結果との間に因果関係が認められないので、履行不能を理由とする債務不履行責任は認められません。

例えば、Aが賃貸借契約終了に基づくBに対する目的物返還を遅滞している間に、当該目的物がAの責めに帰すべき事由によることなく第三者の放火により焼失した場合において、Bが早期に引渡しを受けて当該目的物を管理していたとしても、第三者の放火を免れ得ず、同様に焼失したと認められる場合には、Aは債務不履行責任を負わないとされた裁判例があります[45]。

（2）委任契約・顧問契約に与える影響

上述のとおり、改正法413条の2（履行遅滞中又は受領遅滞中の履行不能と帰責事由）は、これまでの判例・通説を明文化したものですので、今回の改正が委任契約・顧問契約に与える影響は少ないといえるでしょう。

---

[45] 東京地判昭和49年12月10日判時781号89頁参照

3 損害賠償の範囲（民法第416条関係）

(1) 改正法の内容

現民法

（損害賠償の範囲）
第416条　債務の不履行に対する損害賠償の請求は、これによって通常生ずべき損害の賠償をさせることをその目的とする。
2　特別の事情によって生じた損害であっても、当事者がその事情を予見し、又は予見することができたときは、債権者は、その賠償を請求することができる。

改正法

（損害賠償の範囲）
第416条　債務の不履行に対する損害賠償の請求は、これによって通常生ずべき損害の賠償をさせることをその目的とする。
2　特別の事情によって生じた損害であっても、当事者がその事情を予見すべきであったときは、債権者は、その賠償を請求することができる。

　債務不履行による損害賠償請求権が認められるとして、どこまでの範囲の損害について賠償が認められるのかという問題があります。この点、現民法では、「通常生ずべき損害」の賠償が認められるとともに（民416Ⅰ）、当事者が予見し、または予見することができた「特別の事情によって生じた損害」の賠償が認められていました（民416Ⅱ）。これに対し、改正法では「当事者がその事情を予見し、又は予見することができたとき」との文言（民416Ⅱ）を「当事者がその事情を予見すべきあったとき」（改正法416Ⅱ）に変更しています。本来、「予見」という要件は、債務者が現実に予見していたかという事実の有無を問題とするものではなく、債務者が予見すべきであったかという規範的な評価を問題とするものです。現民法では、この点につき、条文上不明確であったことから、改正法では、「当事

者がその事情を予見すべきであったとき」という文言に変更されました[46]。

また、現民法416条（損害賠償の範囲）については、判例・学説上、①同条２項の予見の対象は何か、②「当事者」とは誰を指すのか、③どの時点で予見可能性があればいいのか、という各点について見解の対立があり、決着がついていない状況です。改正法は、この点につき、決着をつけたわけではなく、現民法下での解釈論は、改正法にも引き継がれることとなります。

Q 2-24「損害」の概念

そもそも「損害」とは、どのようなものでしょうか。

A 反対説もありますが、従来の支配的な見解によれば、「損害」とは、「もし加害原因がなかったとしたならばあるべき利益状態と、加害がなされた現在の利益状態との差」と定義されます[47]。また、（傍論ですが）判例[48]でも、「民法上のいわゆる損害とは、一口に云えば侵害行為がなかったならば惹起しなかったであろう状態（原状）を（a）とし、侵害行為によって惹起されているところの現実の状態（現状）を（b）としa－b＝x そのxを金銭で評価したものが損害である。」と述べられています。

そして、損害は、まず財産的損害と非財産的損害に分けることができます。前者は、債権者がその財産に被った損害であり、後者は精神的損害等、財産的損害以外の損害です。次に、財産的損害は、積極的損害と消極的損害に分けることができます。前者は、債権者が財産を失った場合の損害であり、後者は、債務不履行がなければ得られてい

---

46 部会資料79－3・12頁
47 於保不二雄『法律学全集20 債権総論〔新版〕』135頁（1972年・有斐閣）
48 最判昭和39年１月28日民集18巻１号136頁

たと考えられる利益を得られなかったことによる損害です。

これらの損害は、さらに個々の事案に応じて項目ごとに分けることができ[49]、全損害額を計算する場合には、項目別の金額を積算することとなります。

Q 2-25 損害賠償の範囲

債務不履行による損害賠償の範囲はどのようなものでしょうか。

A 判例[50]・通説は、債務不履行と相当因果関係のある損害が賠償されるべき損害であると理解しています。そして、債務不履行と損害との間の因果関係の相当性は、次の表のとおり判断されます。

考慮すべき事項	「通常」の事情、当事者が予見することのできた「特別の事情」
予見の対象	事　情
予見の主体	債務者
予見の時点	債務不履行時

これに対し、本文でも述べたとおり、民法416条（損害賠償の範囲）には反対説も存在します。これについては、概略の紹介に止めますが、次の表のとおり損害賠償の範囲に含まれるか否かを判断するものとされます[51]。

49　（不法行為の例ですが）交通事故を例にとると、治療費、通院費、傷害慰謝料、自動車の修理費などと、個別項目に分けることができます。
50　大判大正7年8月27日民録24輯1658頁、最判昭和59年2月16日裁判集民事141巻201頁
51　以上につき、潮見佳男『プラクティス民法 債権総論（第4版）』（信山社、2012年）134頁以下

予見の対象	損害
予見の主体	契約の両当事者
予見の時点	契約締結時

(2) 委任契約・顧問契約に与える影響

「当事者がその事情を予見し、又は予見することができたとき」という文言から「当事者がその事情を予見すべきあったとき」という文言に変更されていることから、改正法により、損害賠償の範囲に関する考え方が変わるようにも思われます。

しかし、これは、これまでの実務において行われてきたことが明文化されたものに過ぎません。そのため、委任契約・顧問契約にも大きな影響を与えるものではないといえます。

Q 2-26 委任契約における通常損害、特別損害

委任契約上の債務の不履行に基づく損害賠償において考え得る通常損害や特別損害としては、どのようなものがあるでしょうか。

A 典型的な委任契約に関するものではありませんが、証券会社の社員が顧客Xから株式の売り注文を聞いたにもかかわらず執行しなかったことが債務不履行にあたるとされた事案が参考になります[52]。この事案では、顧客の売り注文に従い売却していれば得られたはずの売却金から現実に得られた売却金を控除した額の請求につき、社員による「債務不履行と原告（X）の損害とは相当因果関係があり、それは民法416条1項の通常損害である」とされました。

---

52 名古屋地判平成8年3月26日判タ941号222頁

これに対し、株券の売買委託に関し、証券会社が株式の買付を怠ったことにより、顧客がプレミアム分（払込ないし割当期日における株式の時価から払込金額を控除した分）相当額の損害を被った場合には、かかる損害は特別損害になるとされています[53]。この場合、プレミアム分相当額が賠償範囲に含まれるためには、改正法の下では、新株発行について予見すべきであったといえることが必要となります[54]。

4　過失相殺（民法第418条関係）

（1）改正法の内容

現民法

（過失相殺）
第418条　債務の不履行に関して債権者に過失があったときは、裁判所は、これを考慮して、損害賠償の責任及びその額を定める。

改正法

（過失相殺）
第418条　債務の不履行又はこれによる損害の発生若しくは拡大に関して債権者に過失があったときは、裁判所は、これを考慮して、損害賠償の責任及びその額を定める。

「過失相殺」とは、公平の観念に基づき、債務の不履行または損害の発生若しくは拡大に関して債権者に過失があった場合に、裁判所が、債務者の賠償責任及び賠償額を決定するにあたり、債権者の過失を斟酌するとい

---

[53]　東京地判昭和45年12月21日判タ261号313頁
[54]　「誰が」「いつ」「何を」予見すべきであったかという点については、**3**(**1**)で述べたとおり見解の対立があります。

うものです。

つまり、過失相殺が認められれば、損害賠償額が減額されることとなります。現民法の規定では「債務の不履行に関して債権者に過失があったとき」とされていましたが、改正法では、これに加え、「損害の発生若しくは拡大」という文言が追加されています。

Q 2-27 過失相殺の要件

「損害の発生若しくは拡大」（改正法418）について債権者に過失がある場合とはどのような場合でしょうか。

A 例えば、Xが、税理士である亡Aに対し、亡夫の死亡に伴う相続に関する税務申告を依頼したところ、亡Aが海外資産を申告しなくてもよいなどと誤った指示をするなどしたため、国税局の税務調査により申告漏れを指摘されて修正申告をすることとなり、重加算税、過少申告加算税及び延滞税を賦課されるなどして損害を被ったとして、亡Aの相続人であるYに対し債務不履行に基づく損害賠償を請求した事案が参考になります[55]。この事案では、Xは、その内容はともかく、亡夫が海外資産を保有していることを知っていながら、当初の申告に当たって、亡Aに対してその事実を伝えず、自ら調査確認をしていなかった点が指摘され、Xに損害が発生したことについて、Xにも過失があったとされました。

ここで指摘されている亡Aの債務不履行とは、Xらの相続税の申告に際して海外資産が相続財産から漏れることがないように、Xらに対して、海外資産に関する資料の提出を求めるとともに、そのような資料が手元に存在しないのであれば、海外資産の存否及びその内容を

---

55 東京高判平成25年1月24日 LEX／DB 文献番号25502311

調査するよう指示すべきであったのに、これらの措置を何ら執ることなく、漫然と、Xから交付を受けた亡夫の国内資産に関する資料のみに依拠して申告書を作成し、Xらの相続税を申告したことです[56]。この亡Aの債務不履行に関し、Xの過失行為は関与していませんが、Xの過失行為がなければ、損害の発生または拡大はなかったといえます。このような場合には、損害の発生または拡大について、Xに過失が認められることとなります。

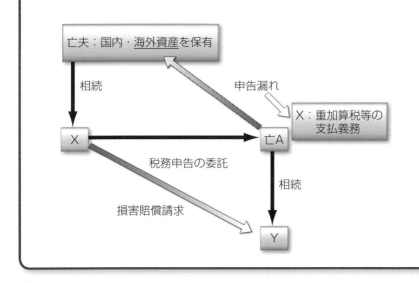

（2）委任契約・顧問契約に与える影響

　裁判例では、損害の発生または拡大に関する債権者の過失を理由として過失相殺をする運用が定着しているところ、改正法は、実務でのこのような解釈論を明文化したものになります[57]。そのため、改正法が委任契約・顧問契約に与える影響は大きくないというべきでしょう。依頼者が受任者

56　東京地判平成24年1月30日判タ1404号207頁（前掲東京高判平成25年1月24日の原審）参照
57　部会資料68A・17頁

に対して債務不履行による損害賠償を請求してきた場合には、受任者としては、過失相殺の主張の可能性を探るため、「債務の不履行」のほか、「損害の発生若しくは拡大」について依頼者に過失はなかったかについての調査も行うことになるでしょう。

5 賠償額の予定（民法第420条第1項関係）

（1）改正法の内容

> **現民法**
>
> （賠償額の予定）
> 第420条　当事者は、債務の不履行について損害賠償の額を予定することができる。この場合において、裁判所は、その額を増減することができない。
> 2・3　（略）

> **改正法**
>
> （賠償額の予定）
> 第420条　当事者は、債務の不履行について損害賠償の額を予定することができる。
> 2・3　（略）

　改正法は、現民法の規定から後段部分を削ったものになっています。この点、著しく過大な賠償額の予定等がなされている場合には、現民法90条に基づいて、裁判所が当該予定を無効にしたり、賠償額を減額したりできるのですが、現民法420条1項後段によれば、そのような減額ができないように見えます。

　そこで、改正法では、賠償額が減額できる可能性があることを明らかにするため、同項後段を削除しました[58]。

第2章　民法改正が委任契約・顧問契約に与える影響（総則・債権総論）

Q 2-28 賠償額の予定がなされている場合における裁判所による賠償額の増減

この改正により、賠償額の予定がなされている場合でも、裁判所は賠償額を自由に増減できるようになったのでしょうか。

A この改正は、本文で述べたような理由に基づくものです。そのため、この改正をしたからといって、賠償額の予定がなされている場合でも、裁判所が賠償額を自由に増減できるようになったわけではありません。

（2）委任契約・顧問契約に与える影響

　実質的な改正はなされていないといえることから、委任契約・顧問契約に特段の影響はないと思われます。

Q 2-29 著しく過大な賠償額の予定

裁判所は、著しく過大な賠償額の予定等がなされている場合には、当該予定を無効にしたり、賠償額を減額したりできるとのことですが、この著しく過大な賠償額の予定とはいくらくらいのものでしょうか。

A 委任契約・顧問契約に関して、この点を判断した裁判例はあまり見受けられません。また、委任契約以外の場合についても、具体的にどのような場合に公序良俗違反があるとされるか、公序良俗違反によって無効とされる範囲はどの程度かという点について、必ずしも判例・裁判例は一致していません[59]。

58　部会資料68A・20頁

そのため、特に委任契約に関してなされた賠償額の予定が、どのような場合に一部または全部無効とされるか、明確な答えを示すことは難しいところです。もっとも、少なくとも、受任者としては、依頼者が被った実損害額が予定賠償額と比べて著しく低い場合には、予定賠償額の減額を求めることができることになります。そこで、依頼者が受任者に対して予定賠償額の支払いを求めてきた場合には、受任者としては、予定賠償額が「著しく過大であること」を主張し、反論することを考えることになります。

Q 2-30 著しく低廉な賠償額の予定

Q 2-29の場合とは逆に、予定賠償額が低すぎる場合に、受任者が、依頼者より、これよりも多い額の賠償請求を受ける可能性はあるでしょうか。

A 弁護士及び公認会計士等の企業再生の専門家を擁する各種フィナンシャルアドバイザリーを中心としたサービスを提供する株式会社とのアドバイザリー契約において、賠償額を当該契約における業務委託報酬の範囲に限定するという責任制限合意がなされたケースでは、「本件アドバイザリー契約は、受託者が事業再生の場面において助言を提供するに当たり、損害賠償額が巨額になる可能性があることから、その賠償額を業務委託報酬の範囲に限定するというものであり、その趣旨に照らすと、本件責任制限合意は、被告に故意又は重大な過失がある場合には適用されないものと解するのが相当である。」とし

59　奥田昌道編『新版 注釈民法（10）Ⅱ　債権（1）債権の目的・効力（2）』（有斐閣、2011年）612頁）

た裁判例があります[60]。また、場面は異なりますが、航空運送約款による航空機事故における責任制限を公序良俗に反して無効とした裁判例もあります[61]。

そのため、受任者としては、責任を制限するような予定賠償額を定めていたとしても、故意または重大な過失がある場合は、当該規定が適用されないとされる場合があること、及び著しく低い予定賠償額を定めた場合には当該規定が無効とされるおそれがあることに留意する必要があります。

なお、依頼者が消費者に該当する場合については、第1章第Ⅴ節6を参照してください。

Q 2-31 賠償額の予定と過失相殺

委任契約において予定賠償額を定めていたところ、受任者が債務不履行となりましたが、依頼者にも過失がありました。この場合、受任者は過失相殺を主張し、予定賠償額を減額できるのでしょうか。

A 原則として、予定賠償額を定めた場合、裁判所は、実損害額が予定賠償額よりも過大であったり、過少であったりしても、予定賠償額を増減することはできません。

もっとも、この点、判例[62]によれば、「当事者が民法420条1項により損害賠償額を予定した場合においても、債務不履行に関し債権者に過失があったときは、特段の事情のない限り、裁判所は、損害賠償の

---

60 東京地判平成25年7月24日判タ1043号184頁。なお、同事件の控訴審（東京高判平成26年1月23日金法1992号65頁）においては、アドバイザリー会社の責任自体が否定されています。
61 大阪地判昭和42年6月12日下民集18巻5＝6号641頁
62 最判平成6年4月21日裁判所時報1121号1頁

責任及びその金額を定めるにつき、これを斟酌すべき」こととされています。よって、予定賠償額が定められている場合であっても、依頼者に過失があれば、受任者は過失相殺を主張し、予定賠償額の減額を求めることができます。

第Ⅵ節　契約の解除——委任契約・顧問契約を終了させるためにはどうすればいいか

　契約が有効に成立した場合には、原則として、契約当事者はその契約における合意内容に拘束されます。しかし、契約の相手方が契約上の義務を履行しなかった場合、契約の目的を達成することができなくなった場合、契約に基づく義務の履行が不可能となった場合などには、その契約を存続させ、契約当事者を拘束することは適切とはいえません。

　そこで、民法は、一定の場合、契約当事者に契約の解除権の行使を認め、一方当事者が解除権を有するときは、契約途中であっても、相手方に対する一方的意思表示によって契約を解除し、契約を終了させることができる制度を設けています（民540）。この契約の解除に関するルールは、民法改正によって大きく変更されていますので、委任契約・顧問契約を締結する場合には、注意が必要です。

　なお、委任契約特有の解除権については、第3章を参照してください。

1　催告した上で解除する場合（催告解除）（民法第541条関係）

（1）改正法の内容

> **現民法**
>
> （履行遅滞等による解除権）
> 第541条　当事者の一方がその債務を履行しない場合において、相手方が相当

の期間を定めてその履行の催告をし、その期間内に履行がないときは、相手方は、契約の解除をすることができる。

> **改正法**
> （催告による解除）
> 第541条　当事者の一方がその債務を履行しない場合において、相手方が相当の期間を定めてその履行の催告をし、その期間内に履行がないときは、相手方は、契約の解除をすることができる。ただし、その期間を経過した時における債務の不履行がその契約及び取引上の社会通念に照らして軽微であるときは、この限りでない。

　現民法541条（履行遅滞等による解除権）は、解除権の行使が認められる場合として、相手方の債務の履行遅滞を理由とする場合について規定しています。つまり、同条によれば、相手方がその債務を履行しない場合に、相当期間を定めてその履行の催告をして、その期間内に履行がないときは、契約の解除をすることができます。

　改正法は、この現民法541条本文を維持した上で、但書を追加しています。これは、現民法541条に関して、不履行の部分が数量的に僅かである場合や、付随的な債務の不履行にすぎない場合には催告解除が認められないとの判例[63]が存していることから、そのような判例の考え方に基づき、相当の期間を経過した時における債務の不履行が契約及び取引上の社会通念に照らして軽微であるときには、契約の解除を認めない旨の規定が追加されたものです。

　また、改正法542条（催告によらない解除）との関係で、改正法541条に定める催告解除が原則的な解除の方法であることが確認されました。

　さらに、現民法下の通説的な見解によれば、現民法541条にはそのよう

---

[63] 大判昭和14年12月13日判決全集7輯4号10頁、最判昭和36年11月21日民集15巻10号2507頁等

な文言が規定されていませんが、当該規定による解除の場合にも、現民法541条と同様に、債務者の帰責性が必要と解されていました。

しかし、改正法では、解除制度について、履行を怠った債務者への制裁ととらえるところから、債権者に対して契約の拘束力からの解放を認める制度へと大きく転換し、解除には債務者の帰責性は不要とする立場を採りました。そのため、改正法541条には、債務者の帰責性に関する要件は設けられていません。債権者は、債務者の履行がなければ、債務者の帰責性の有無にかかわらず、原則、同条に基づき、催告を行うことにより、契約の解除をすることができるようになりました。

(2) 委任契約・顧問契約に与える影響

現民法541条は、実務上、きわめて適用の多い条文であり、しばしば同条の解釈及び適用が問題になってきました。そして、改正法541条によって、不履行がその契約及び取引上の社会通念に照らして「軽微」であるときには契約の解除が認められないことが明文化されました。そのため、委任契約・顧問契約においても、当該規定の変更に伴い、改正法541条但書に相当する規定を設けることが考えられます。

一方で、どのような場合に不履行が「軽微」といえるのかについては改正法上も明文で規定されていないため、解釈に委ねられることになります。そこで、どのような場合が軽微に当たるかについて、もし列挙が可能であれば、列挙することも考えられますし、列挙が難しい場合であっても、依頼者への説明の際、その点を例示して説明することも考えられます。

Q 2-32 催告の方法について

どのような方法で「催告」(改正法541本文)を行う必要があるのでしょうか。

A 改正法第541条本文(現民法541と同一内容です)の「催告」は、債務の履行を促すことを内容とすれば足りると解されており、期間内に履行しなければ解除する旨を明示する必要はありません[64]。もっとも、履行を促すだけの場合は、一定期間経過後に、別途、解除の意思表示をしなければならなくなります。

また、改正法541条本文における「相当の期間」がどれほどの長さの期間であるかは、債務の種類によって様々であり、一義的な期間ではありません。もっとも、「相当の期間」については、社会通念上債務の履行をするのに必要な期間であればよいと解されており、また、債務者が履行の大体の準備をしていることを前提としてよいと考えられております[65]。例えば、金銭債務の場合には、債務者が支払うべき金銭を準備していることを前提に、振込等の支払手続に要する期間を与えればよいことになりますので、2、3日程度の猶予期間を相当した判例もあり[66]、一般的には、1週間程度の期間とする例が多いと思われます。

---

[64] 我妻榮＝有泉亨＝清水誠＝田山輝明『我妻・有泉コンメンタール民法―総則・物件・債権―(第4版)』(日本評論社、2016年)1033頁
[65] 大判大正13年7月15日民集3巻362頁
[66] 最判昭和30年3月22日民集9巻3号321頁、最判昭和37年12月18日裁判集民63号697頁参照

Q 2-33 債務の不履行が軽微であるときについて

不履行が「軽微」(改正法541但書)とはどのような場合を指すのでしょうか。

A 判例では、貸主による軽微な賃料の滞納を理由とする解除が認められなかった事例[67]、土地の売買において、所有権移転の前から買主が土地の公租公課を負担する義務が約定されていたところ、売主による買主の同義務違反を理由とする解除が認められなかった事例[68]などがあります。

改正法541条但書は、これらの判例のように、不履行の部分が数量的にわずかである場合や、付随的な債務の不履行にすぎない場合を想定しています。もっとも、例えば、数量的にわずかな部分の不履行にすぎない場合であっても、その数量不足部分がその契約においてはきわめて重要な役割を果たしている場合には、「その契約及び取引上の社会通念に照らして軽微」(改正法541但書)とはいえませんので、催告解除が可能です[69]。

委任契約・顧問契約においては、例えば、依頼者が報酬や事務処理費用の一部を支払わなかったとしても、その不払い額がわずかである場合には、原則として、受任者は契約の解除はできないことになります。

---

[67] 大判昭和14年12月13日判決全集7輯4号10頁
[68] 最判昭和36年11月21日民集15巻10号2507頁
[69] 部会資料79－3・13頁

2 催告なく解除する場合（無催告解除）
（民法第542条・第543条関係）

（1）改正法の内容

現民法

（定期行為の履行遅滞による解除権）
第542条　契約の性質又は当事者の意思表示により、特定の日時又は一定の期間内に履行をしなければ契約をした目的を達することができない場合において、当事者の一方が履行をしないでその時期を経過したときは、相手方は、前条の催告をすることなく、直ちにその契約の解除をすることができる。
（履行不能による解除権）
第543条　履行の全部又は一部が不能となったときは、債権者は、契約の解除をすることができる。ただし、その債務の不履行が債務者の責めに帰することができない事由によるものであるときは、この限りでない。

改正法

（催告によらない解除）
第542条　次に掲げる場合には、債権者は、前条の催告をすることなく、直ちに契約の解除をすることができる。
　一　債務の全部の履行が不能であるとき。
　二　債務者がその債務の全部の履行を拒絶する意思を明確に表示したとき。
　三　債務の一部の履行が不能である場合又は債務者がその債務の一部の履行を拒絶する意思を明確に表示した場合において、残存する部分のみでは契約をした目的を達することができないとき。
　四　契約の性質又は当事者の意思表示により、特定の日時又は一定の期間内に履行をしなければ契約をした目的を達することができない場合において、債務者が履行をしないでその時期を経過したとき。
　五　前各号に掲げる場合のほか、債務者がその債務の履行をせず、債権者が前条の催告をしても契約をした目的を達するのに足りる履行がされる見込みがないことが明らかであるとき。
2　次に掲げる場合には、債権者は、前条の催告をすることなく、直ちに契約の一部の解除をすることができる。
　一　債務の一部の履行が不能であるとき。
　二　債務者がその債務の一部の履行を拒絶する意思を明確に表示したとき。

現民法542条（定期行為の履行遅滞による解除権）及び同543条（履行不能による解除権）は、解除権の行使が認められる場合として、それぞれ債務不履行のうち定期行為の履行遅滞を理由とする解除及び履行不能を理由とする解除について規定しています。

改正法542条（催告によらない解除）では、改正法541条の催告解除を原則的な解除の方法としたうえで、催告を要することなく、契約を全部解除または一部解除できる旨が規定されました。

改正法542条1項は、催告を要することなく、契約を全部解除できる場合を定めています。このうち、同項1号は、現民法543条に対応する規定で、履行不能を理由とする契約解除を定めています。もっとも、**1**でも述べたとおり、改正法は、解除制度について、債権者に対して契約の拘束力からの解放を認める制度へと大きく転換しています。そのため、改正法542条1項1号には、現民法543条とは異なり、履行不能が「債務者の責めに帰することができない事由」によるものであった場合を除外する要件は設けられておらず、無催告解除においても債務者の帰責性は不要としています。

改正法542条1項2号は、債務者が明確に履行拒絶をしたことを理由とする契約解除を定めています。

改正法542条1項3号は、一部が履行不能である場合や債務者が債務の一部について明確に履行拒絶をした場合において、残部のみでは契約目的が達成不能であることを理由とする契約解除を定めています。

改正法542条1項4号は、現民法542条に対応する規定で、定期行為の履行遅滞を理由とする契約解除を定めています。例えば、中元用のうちわを中元期前に届けてもらう売買契約[70]などです。

改正法542条1項5号は、その他契約目的が達成不能であることを理由

---

[70] 大判大正9年11月15日民録26輯1779頁

とする契約解除を定めています（いわゆる受け皿規定）。

改正法542条2項は、債務の内容が可分であることを前提にしたうえで[71]同1号で債務の一部の履行が不能である場合を、同2号で債務者がその一部の履行を拒絶する意思を明確に表示した場合を規定しました。

（2）委任契約・顧問契約に与える影響

改正法542条の無催告解除は、相手方に催告を要することなく契約を終了させるものですので、債権者にとっては強力な手段となります。

そのため、委任契約・顧問契約においても、無催告解除ができる場合を規定しておくことは有用です。この点、委任契約・顧問契約において無催告解除ができる場合を規定していなくても、依頼者との間で、特に改正法542条の適用を排除することが合意されていない限り、同条が適用され、無催告解除をすることはできます。

しかし、上述のとおり、無催告解除は、債権者にとっては強力な手段となりますが、他方で相手方にとっては予期せぬ解除となり不利益が生じる場合もありますので、後々のトラブルを防ぐためには、委任契約・顧問契約において、同条の規定に従って、無催告解除ができる場合を明記しておくことが考えられます。

---

[71] 部会資料83−2・10頁

Q 2-34 履行不能について

「履行が不能」(改正法542Ⅰ①) とはどのような場合を指すのでしょうか。

A 履行が不能であるかどうかは、社会の取引観念に従って定められます。売買の目的物が消失した場合のような物理的不能に限られず、経済的不能や法律的不能も含まれます[72]。法律的不能の例としては、不動産の売主が同一不動産を第三者に二重に譲渡して、その移転登記をした場合、もう一方の買主との関係では、履行不能になると判示した判例があります[73]。

委任契約・顧問契約においては、例えば、依頼者が申請事務に必要となる証憑書類の原本類を紛失したために、申請事務を行うことが不可能になった場合や、申請期限を経過したためにもはや申請事務を行うことが不可能になった場合などが考えられます。

Q 2-35 契約の一部解除について

契約の一部解除 (改正法542Ⅱ) ができるのはどのような場合でしょうか。

A 契約の一部解除が可能なのは、一つの契約のうちの一部分のみを解消することが可能な程度にその部分が区分されている場合に限られることが前提とされています[74]。

例えば、申請事務Ａと申請事務Ｂをあわせて受任したときに、申

---

[72] 我妻榮＝有泉亨＝清水誠＝田山輝明『我妻・有泉コンメンタール民法―総則・物権・債権―(第4版)』(日本評論社、2016年) 764頁
[73] 最判昭和35年4月21日民集14巻930頁
[74] 部会資料83-2・10頁

請事務Aについて、何らかの事情によって申請期限が経過して、もはや申請を行うことが不可能になった場合、申請事務Aに関する委任契約のみを一部解除することができます。他方、申請事務Aのうち、一部のみが履行不能になった場合に、その部分のみを解除することができるかどうかは、その部分のみを解消することが可能な程度に区分されているかによります。

　委任契約・顧問契約においては、いくつかの事務をまとめて受任することがしばしばあります。そのような場合にも、各事務を区分・整理した上で受任することが考えられます（なお、各事務を区分・整理した上で受任することは、解除の文脈のみならず、受任者の報酬に対応する委任事務の範囲を明確にする意味などにおいても有用です）。

3　債権者に帰責事由がある場合の解除の可否

（1）改正法の内容

改正法

（債権者の責めに帰すべき事由による場合）
第543条　債務の不履行が債権者の責めに帰すべき事由によるものであるときは、債権者は、前二条の規定による契約の解除をすることができない。

　改正法543条（債務者の責めに帰すべき事由による場合）は、債務の不履行が「債権者の責めに帰すべき事由」によるものであるときには、契約の解除が認められない旨を規定しています。債権者の責めに帰すべき事由により履行不能に陥った場合に債権者に契約の拘束力からの解放を認めるのは妥当ではないと考えられるためです[75]。

（2）委任契約・顧問契約に与える影響

　委任契約・顧問契約においても、委任事務が依頼者の責めに帰すべき事由によって履行不能に陥った場合には、依頼者からの契約の解除は認められないことになります。

　例えば、依頼者が申請事務に必要となる書類の原本類を紛失したために、申請事務を行うことが不可能になった場合が考えられます。

　他方、例えば、受任者が、申請事務に必要となる証憑書類の原本類を依頼者から預かったにもかかわらず、受任者がその原本類を紛失したために申請事務を行うことが不可能になった場合や、受任者の不注意で申請期限を経過したためにもはや申請事務を行うことが不可能になった場合などは、受任者の責めに帰すべき事由によって履行不能に陥ったことになりますので、受任者からの契約の解除は認められません。

　なお、そのような場合にも、委任契約・顧問契約特有の解除をすることは可能です（**Q 2-37**参照）。

Q 2-36 帰責事由について

「責めに帰すべき事由」（改正法543）とはどのような意味でしょうか。

A 従来の有力な見解によれば、「責めに帰すべき事由」とは、故意・過失、または信義則上これと同視される事由をいうと解されています。このうち、故意とは、債務不履行を生じるであろうことを知っていながら、あえて不履行となる事態を招来することをいい、過失とは、債務者の階層・地位・職業などにある者として信義則上要求される程度の注意を欠いたために、債務不履行を生じるであろうことを認識しないことをいいます[76]。また、信義則上これと同視される事由と

75　部会資料71-3・77頁

しては、履行補助者の故意・過失が含まれます[77]。

申請期限を経過したためにもはや申請事務を行うことが不可能になった場合の例では、受任者があえて申請期限を経過させた場合は故意があるといえますし、そうでなくても受任者が申請期限を経過させてしまうことは、通常、信義則上要求される程度の注意を欠いている（過失がある）といえると考えられます。また、受任者が申請事務の処理にあたって履行補助者を使用した場合に（受任者が履行補助者を使用する場合については、第3章のQ3-2参照）、履行補助者の故意・過失によって申請期限が経過した場合にも、受任者に責めに帰すべき事由があることになります。

Q 2-37 委任契約における解除

委任契約・顧問契約において、自らに責めに帰すべき事由がある場合、その者から契約を終了させる方法はないのでしょうか。

A 委任契約・顧問契約は、契約当事者がいつでもその解除をすることができます（民651Ⅰ）。もっとも、その解除をした者は、相手方に不利な時期に委任を解除したときや委任者が受任者の利益（もっぱら報酬を得ることによるものを除く）をも目的とする委任を解除したときには、やむを得ない事由があったときを除き、相手方の損害を賠償しなければなりません（改正法651Ⅱ。詳しい解説は第3章参照）。

また、契約当事者がお互いの合意によって契約を終了させる（合意解除）ことも、当然可能です。

---

[76] 我妻榮＝有泉亨＝清水誠＝田山輝明『我妻・有泉コンメンタール民法―総則・物権・債権―（第4版）』（日本評論社、2016年）764頁
[77] 最判昭和30年4月19日民集9巻5号556頁

4 契約を解除した場合の効果（解除の効果）（民法第545条第2項関係）

(1) 改正法の内容

現民法

（解除の効果）
第545条　当事者の一方がその解除権を行使したときは、各当事者は、その相手方を原状に復させる義務を負う。ただし、第三者の権利を害することはできない。
2　前項本文の場合において、金銭を返還するときは、その受領の時から利息を付さなければならない。
3　解除権の行使は、損害賠償の請求を妨げない。

改正法

（解除の効果）
第545条　当事者の一方がその解除権を行使したときは、各当事者は、その相手方を原状に復させる義務を負う。ただし、第三者の権利を害することはできない。
2　前項本文の場合において、金銭を返還するときは、その受領の時から利息を付さなければならない。
3　第1項本文の場合において、金銭以外の物を返還するときは、その受領の時以後に生じた果実をも返還しなければならない。
4　解除権の行使は、損害賠償の請求を妨げない。

　現民法545条（解除の効果）は、契約が解除された場合の効果について規定しています。改正法では、現民法545条の内容を維持しつつ、新たに改正法545条3項が付け加えられております。

　民法545条1項は、契約が解除された場合には、各当事者がその相手方を原状に復させる義務を負うことを規定しています。通説的な見解によれば、契約が解除された場合には、契約の効力が遡及的に消滅する（つまり、契約関係が最初からなかったとみなされる）ことになりますので（これを直

接効果説といいます）、すでに履行された部分については、それを原状に復させる義務が生じることになります。

　民法545条2項は、民法545条1項の場合において、金銭を返還するときには、利息を付さなければならないとするものです。

　改正法545条3項は、金銭以外の物を返還するときには、その物とともに、その物から生じた果実も併せて返還しなければならないとするものです。

　改正法545条4項（民545Ⅲと同一内容）は、契約を解除したとしても、相手方に対する損害賠償請求をすることができる旨を確認する規定です。

> **Q 2-38 解除の効果――果実について**
> 「その受領の時以後に生じた果実」（改正法545Ⅲ）とはどのようなものを指すのでしょうか。
>
> **A** 果実には、天然果実と法定果実があります（民88）。天然果実とは、物の用法に従い収受する産出物のことをいい（民88Ⅰ）、果樹からとれる果実、牛からとれる牛乳などがこれにあたります。法定果実とは、物の使用の対価として受けるべき金銭その他の物のことをいい（民88Ⅱ）、家屋使用の対価である家賃、宅地使用の対価である地代などがこれにあたります。

（2）委任契約・顧問契約に与える影響

　以上が民法545条の内容になりますが、委任契約・顧問契約の場合には、これらとは異なる規律が適用されますので、注意が必要です。

　委任契約・顧問契約では、契約の解除は、将来に向かってのみその効力を生ずるとされます（民法652、620）。委任契約・顧問契約は継続的な契約関係ですので、契約の解除によって最初から契約関係をなかったものとみなすのは、妥当ではないと考えられるためです。

Q 2-39 解除された場合の受任者の報酬

委任契約・顧問契約が解除された場合に、受任者の報酬はどのようになるのでしょうか。

A 委任契約・顧問契約では、契約の解除は、将来効しかありませんので（民法652、620）、受任者はすでに履行した委任事務に対応する報酬については、その支払いを受けることができるというのが基本的な考え方になります。契約が途中で終了した場合の受任者の報酬については、改正法648条3項に定められていますので、詳しい解説は、第3章を参照してください。

Q 2-40 委任契約の解除の効果――果実

委任契約・顧問契約が解除された場合に、受任者は果実等を返還する必要があるのでしょうか。

A 委任事務を処理するために依頼者または第三者から受け取った物（金銭その他の物及び収受した果実）はすべて依頼者に引き渡さなければなりません（民646）。前払費用（民649）に残額があればそれも返還し、解除日以後の遅延利息をつける必要があります[78]。

民法545条1項では、契約が契約の効力が遡及的に消滅しますので、果実等については「受領の時」から返還しなければなりません。しかし、委任契約・顧問契約の解除は、将来効しかありませんので、果実等については、「受領の時」に遡って返還する必要はなく、契約の解除日以降のものを返還すれば足りることになります。

---

[78] 幾代通他編『新版 注釈民法（16）債権（7）雇傭・請負・委任・寄託』（有斐閣、1989年）291頁

| 第Ⅶ節 | 受領遅滞――依頼者が委任事務の履行を拒む場合 |

　契約が成立して、契約当事者が互いに債務を履行しようとしているときに、契約当事者の一方が債務の履行を拒んだ場合などには、債務者は債務を円滑に履行することが難しくなりますし、また、債務者において余分な費用が発生するなど様々な問題が発生することも考えられます。しかし、債務者としては、そのような問題に関する負担を負わされては大変ですし、それは公平とはいえません。そのような観点から、債権者に一定の責任を負わせるのが受領遅滞の制度です。

　委任契約・顧問契約においても、依頼者が委任事務の履行を拒む場合などが想定されますので、その場合に依頼者に対してどのような負担を求められるのかを把握しておくことが重要になります。

1　保存義務の軽減

（1）　改正法の内容

> **現民法**
>
> （受領遅滞）
> 第413条　債権者が債務の履行を受けることを拒み、又は受けることができないときは、その債権者は、履行の提供があった時から遅滞の責任を負う。

改正法

（受領遅滞）
第413条　債権者が債務の履行を受けることを拒み、又は受けることができない場合において、その債務の目的が特定物の引渡しであるときは、債務者は、履行の提供をした時からその引渡しをするまで、自己の財産に対するのと同一の注意をもって、その物を保存すれば足りる。
2　（略）

　現民法413条（受領遅滞）は、債権者が債務の履行を受けることを拒み（受領拒絶）、または受けることができないときに（受領不能）、その債権者が債務者からの履行の提供があった時から遅滞の責任を負う旨を規定しています。もっとも、同条は、「遅滞の責任」の内容を定めておらず、その内容は解釈に委ねられていました。

　そこで改正法では、現民法413条の内容を削除するとともに、改正法413条（受領遅滞）及び同413条の2第1項（履行遅滞中又は受領遅滞中の履行不能と帰責事由）において、現民法下での解釈論で認められていた受領遅滞の効果をもとに、明文の規定が設けられることになりました。

　改正法413条1項は、受領遅滞の効果として、保存義務の軽減を定めています。債務者は、目的物の保管につき「善良な管理者の注意」を負うのが原則ですが（民400）、受領遅滞以降は、注意義務が軽減され、「自己の財産に対するのと同一の注意」で足りるとされます。

Q 2-41 保存義務の軽減

「自己の財産に対するのと同一の注意」(改正法413 I)とはどのような程度の注意のことをいうのでしょうか。

A 「自己の財産に対するのと同一の注意」とは、その人の注意能力を標準として、その人が普通に用いる注意の程度を指します[79]。現民法においても、無償寄託の場合には、「自己の財産に対するのと同一の注意」で足りるとされており(民659)、改正法413条1項は、その場合と同一の文言を用いています。

なお、「自己の財産に対するのと同一の注意」の対となる観念として、民法400条が定める「善良なる管理者の注意」については、債務者の属する階層・地位・職業などにおいて一般に要求されるだけの注意を意味します[80]。

(2) 委任契約・顧問契約に与える影響

改正法413条1項は、債務者が特定物を引き渡す義務を負う場合の保存義務の軽減について定めていますので、委任契約・顧問契約においては、適用される場面はあまり想定できません。

なお、保存義務の軽減は、あくまで保管目的物についてのことですので、一般に債務の履行に関して要求される注意義務についてまで軽減が認められるわけではありません[81]。

---

79 我妻榮＝有泉亨＝清水誠＝田山輝明『我妻・有泉コンメンタール民法─総則・物権・債権─(第4版)』(日本評論社、2016年) 1211頁

80 我妻榮＝有泉亨＝清水誠＝田山輝明『我妻・有泉コンメンタール民法─総則・物権・債権─(第4版)』(日本評論社、2016年) 705頁

81 奥田昌道他編『新版 注釈民法 (10) I 債権 (1) 債権目的・有効 (1)』(有斐閣、2003年) 525頁

2 受領遅滞により履行の費用が増加した場合

（1）改正法の内容

> **改正法**
>
> （受領遅滞による保存義務の軽減等）
> 第413条　（省略）
> 2　債権者が債務の履行を受けることを拒み、又は受けることができないことによって、その履行の費用が増加したときは、その増加額は、債権者の負担とする。

　改正法413条2項では、受領遅滞の効果として、増加した費用を債権者の負担とすることが規定されました。増加費用の償還請求権については、現民法下での解釈論で認められていましたが、改正によって明記されることになりました。

（2）委任契約・顧問契約に与える影響

　委任契約・顧問契約において、依頼者が委任事務の履行を拒み、または履行を受けることができないときに、受任者は、増加した費用を依頼者に請求することができることになります。

Q 2-42 履行費用の債権者負担

増加費用にはどのようなものが含まれるでしょうか。

A 増加費用としては、再度提供をしなければならないために余計に支出を余儀なくされる弁済費用、給付目的物の保管・維持費用（倉庫料・保険料・動物の飼料・公租公課など）が含まれるとされます[82]。

委任契約においては、依頼者が受任者による申請事務を拒んだ場合に、改めて申請事務を行う際に発生する交通費、それまでに余分に生じた原本類保管費用などが考えられます。

3 受領遅滞中に履行が不能となった場合

（1）改正法の内容

改正法

（履行遅滞中又は受領遅滞中の履行不能と帰責事由）
第413条の2 （略）
2 債権者が債務の履行を受けることを拒み、又は受けることができない場合において、履行の提供があった時以後に当事者双方の責めに帰することができない事由によってその債務の履行が不能となったときは、その履行の不能は、債権者の責めに帰すべき事由によるものとみなす。

---

[82] 奥田昌道他編『新版 注釈民法（10）Ⅰ 債権（1）債権の目的・効力（1）』（有斐閣、2003年）527頁

改正法413条の2（履行遅滞中又は受領遅滞中の履行不能と帰責事由）2項では、受領遅滞の効果として、債権者の受領遅滞の後に生ずる履行不能の危険は、債権者の負担となること（いわゆる危険の移転）が規定されました。危険の移転については、現民法下での解釈論で認められていましたが、民法改正によって明記されることになりました。改正法413条の2第2項を前提とすると、債権者の受領遅滞の後に生ずる履行不能は、債権者の責めに帰すべき事由（帰責事由）によるものとみなされますので、改正法543条（債権者の責めに帰すべき事由による場合）に基づき、債権者は契約を解除することができなくなります。また、改正法536条（債務者の危険負担等）2項に基づき、債権者は、反対給付の履行を拒むことができなくなります[83]。

（2）委任契約・顧問契約に与える影響

委任契約・顧問契約において、依頼者が委任事務の受領を拒み、または受領ができないときに、その後に生じた履行不能の危険については、依頼者の責めに帰すべき事由によるものとみなされ、改正法543条（債権者の責めに帰すべき事由による場合）によって、依頼者は履行不能に基づく解除（改正法542）をすることができなくなります。もっとも、委任契約・顧問契約の場合は、民法651条1項に基づく解除がなお可能です（ただし、相手方の損害の賠償が必要となる場合があります（改正法651Ⅱ）。**Q 2-37**参照）。

---

[83] 部会資料83-2・11頁

第Ⅷ節　契約上の地位の移転──契約を第三者に引き継がせる場合

　契約当事者の一方が契約の拘束力からの解放を望んでいるけれども、相手方としては契約の存続を望んでいるという状況においては、契約の解除によって契約を終了させるよりも、第三者に契約を引き継がせ、その第三者との間において契約関係を継続することが契約当事者及び第三者全員にとってメリットとなる場合も考えられます。これを契約上の地位の移転といい、改正法により、その要件及び効果が明文化されました。

　委任契約・顧問契約においても、契約上の地位の移転を行う場面は少なからず想定されます。

　改正法の内容

> **改正法**
>
> 第539条の2　契約の当事者の一方が第三者との間で契約上の地位を譲渡する旨の合意をした場合において、その契約の相手方がその譲渡を承諾したときは、契約上の地位は、その第三者に移転する。

　契約当事者の一方（譲渡人）と第三者（譲受人）との間の合意によって、当該契約当事者の契約上の地位を移転させることができることについては、現民法に規定はないものの、現在ではほとんど異論なく認められていると言われているところです[84]。そこで、改正法では、契約上の地位の移

転に関する明文の規定が設けられることになりました。

改正法539条の2では、契約上の地位の移転は、契約当事者の一方（譲渡人）と第三者（譲受人）との二者間の合意によって成立し、譲渡人との間で契約をしていた相手方は、合意があり、かつ、その契約の相手がその譲渡を承諾することによって成立することが規定されました。

そして、契約上の地位が譲渡人から第三者（譲受人）に移転することにより、譲渡人はその契約の当事者の地位から離脱することになります。

2 委任契約・顧問契約に与える影響

委任契約・顧問契約は当事者双方の特別な対人的信頼関係を基礎とする契約ですので、受任者は原則として自ら事務処理をしなければなりません（改正法644の2（復受任者の選任等）。詳しくは第3章参照）。受任者は、履行補助者や復受任者を使用することはできますが、その場合も、契約当事者であることにかわりはありませんので、受任者はその契約に拘束されることになります。

契約上の地位の移転は、契約当事者がこのような契約の拘束力から解放されるための制度です。委任契約・顧問契約は、継続的な性質を持つ契約ですから、契約当事者の一方が契約の拘束力からの解放を望む場合にも、相手方が、引き続き委任事務の履行を継続することを希望する場合が少なからず想定されます。その場合、従前の当事者間では契約を解消するとともに新たな当事者間で同内容の契約を締結し直す方法以外に、従前の契約について契約上の地位の移転を行うことが考えられます。

84　部会資料74A・15頁

Q 2-43 契約上の地位の移転が行われる場面について

どのような場合に、契約上の地位の移転を行うことになるのでしょうか。

A 委任契約・顧問契約における契約上の地位の移転には、依頼者側の変動、受任者側の変動が考えられます。まず、依頼者側の変動ですが、依頼者が世代交代などによって変動する場合が考えられます。次に、受任者側の変動ですが、こちらも世代交代などによって変動する場合が考えられます。また、受任者がやむを得ない事由等によって委任事務を遂行できなくなった場合なども契約上の地位の移転を行い、第三者に委任事務を引き継ぐことが考えられます。

いずれの場合も、従前の当事者間では契約の解消を行い、新たな当事者間で同様の内容の契約を締結する方法も考えられますが、成果物の作成途中や作業途中において当事者の変動をさせたいような場合は、契約上の地位の移転を行うほうが適当な場合があります。

なお、受任者側の変動の場合には、受任者が契約関係から離脱せずに、復受任者を選任することも可能です（改正法644の2）。いずれを選択することが適当かについては、依頼者とも相談した上、ケースバイケースで決めることにはなりますが、両者では、受任者が契約関係から離脱するかどうかという点で大きな違いがありますので、復受任者または第三者を選任する段階ではどのような方法を選択するかを明確に決めておく必要があると考えられます。

第Ⅸ節　定型約款——定型取引がされる場合

　現代社会においては、日々大量に行われる定型的な取引を迅速かつ効率的に行うことが求められる場面も多く想定されます。そのような場合には、個々の取引ごとに契約書を作成していたのでは煩雑であるため、あらかじめ一定の契約条項を定めたいわゆる約款を準備して、画一的な内容の契約を結ぶことが必要とされることがあります。

　そこで、改正法では、定型約款という項目が新たに設けられ、約款に関するルールが定められました。

　委任契約・顧問契約は、個別案件ごとに依頼者のニーズにあわせて締結するものですから、いわゆる約款を使用することはあまり想定されませんが、ある程度定型的なひな形を使用することは一般的かと思います。そこで、このような定型的なひな形が、改正法上の定型約款に該当する余地があるのかを理解しておく必要があります。

1 改正法の内容

改正法

（定型約款の合意）
第548条の2　定型取引（ある特定の者が不特定多数の者を相手方として行う取引であって、その内容の全部又は一部が画一的であることがその双方にとって合理的なものをいう。以下同じ。）を行うことの合意（次条において「定型取引合意」という。）をした者は、次に掲げる場合には、定型約款（定型取引において、契約の内容とすることを目的としてその特定の者により準備された条項の総体をいう。以下同じ。）の個別の条項についても合意をしたものとみなす。
　一　定型約款を契約の内容とする旨の合意をしたとき。
　二　定型約款を準備した者（以下「定型約款準備者」という。）があらかじめその定型約款を契約の内容とする旨を相手方に表示していたとき。
2　前項の規定にかかわらず、同項の条項のうち、相手方の権利を制限し、又は相手方の義務を加重する条項であって、その定型取引の態様及びその実情並びに取引上の社会通念に照らして第1条第2項に規定する基本原則に反して相手方の利益を一方的に害すると認められるものについては、合意をしなかったものとみなす。

《参　考》
（基本原則）
民法第1条　（略）
　2　権利の行使及び義務の履行は、信義に従い誠実に行わなければならない。

（定型約款の内容の表示）
第548条の3　定型取引を行い、又は行おうとする定型約款準備者は、定型取引合意の前又は定型取引合意の後相当の期間内に相手方から請求があった場合には、遅滞なく、相当な方法でその定型約款の内容を示さなければならない。ただし、定型約款準備者が既に相手方に対して定型約款を記載した書面を交付し、又はこれを記録した電磁的記録を提供していたときは、この限りでない。
2　定型約款準備者が定型取引合意の前において前項の請求を拒んだときは、前条の規定は、適用しない。ただし、一時的な通信障害が発生した場

合その他正当な事由がある場合は、この限りでない。
（定型約款の変更）
第548条の4　定型約款準備者は、次に掲げる場合には、定型約款の変更をすることにより、変更後の定型約款の条項について合意があったものとみなし、個別に相手方と合意をすることなく契約の内容を変更することができる。
一　定型約款の変更が、相手方の一般の利益に適合するとき。
二　定型約款の変更が、契約をした目的に反せず、かつ、変更の必要性、変更後の内容の相当性、この条の規定により定型約款の変更をすることがある旨の定めの有無及びその内容その他の変更に係る事情に照らして合理的なものであるとき。
2　定型約款準備者は、前項の規定による定型約款の変更をするときは、その効力発生時期を定め、かつ、定型約款を変更する旨及び変更後の定型約款の内容並びにその効力発生時期をインターネットの利用その他の適切な方法により周知しなければならない。
3　第1項第2号の規定による定型約款の変更は、前項の効力発生時期が到来するまでに同項の規定による周知をしなければ、その効力を生じない。
4　第548条の2第2項の規定は、第1項の規定による定型約款の変更については、適用しない。

　改正法548条の2第1項は、定型取引を行うことの合意をした者は、一定の場合には、定型約款の個別の条項についても合意したものとみなす旨を規定しています。

　ここで、「定型取引」とは、①ある特定の者が不特定多数の者を相手方として行う取引であって、②その内容の全部または一部が画一的であることがその双方にとって合理的なものと定義されています。また、「定型約款」とは、「定型取引」において、契約の内容とすることを目的としてその特定の者により準備された条項の総体と定義されています。

　そこで、改正法548条の2第1項の適用の有無を判断する際には、まずは「定型取引」に該当するかを検討する必要がありますが、これは個々の取引ごとに個別に判断されるものです。例えば、製品の原材料の供給契約等のような事業者間取引に用いられる契約書については、この種の取引は画一的であることが両当事者にとって合理的とまではいえないから、定型

約款に該当しないと解されています[85]。

　改正法548条の2第2項は、同条第1項によって、定型約款の個別の条項についても合意したとみなされる場合であっても、一定の条項については、合意をしなかったものとみなす旨を規定しています（合意をしなかったものとみなされるのは、当該条項のみです）。

　改正法548条の3は、定型取引を行い、または行おうとする定型約款準備者が、定型約款の内容を開示しなければならない場合等を規定したものです。

　改正法548条の4は、定型約款準備者が、定型約款の変更をすることができる場合等を規定したものです。

2　委任契約・顧問契約に与える影響

　委任契約・顧問契約を締結する場面では、依頼者のニーズは様々ですから、委任事務・顧問業務の範囲等の事項は個別案件ごとに異なります。もっとも、委任契約・顧問契約においても定型的に規定しておくべき事項は多く存在しますので（例えば、解除条項等）、個別案件ごとに一から委任契約書を作成するのではなく、定型的なひな形を利用するのが一般的です（第4章末尾添付の委任契約書例参照）。

　では、このような定型的なひな形が「定型約款」に該当して、改正法548条の2ないし4の規定の適用を受けることはあるのでしょうか。

　この点、定型取引とは、①ある特定の者が不特定多数の者を相手方として行う取引であって、②その内容の全部または一部が画一的であることがその双方にとって合理的なもの、と定義されています（改正法548の2Ⅰ）。

　しかし、委任契約・顧問契約は、上述のとおり、個別案件ごとに依頼者

---

[85]　部会資料83-2・38頁

のニーズにあわせて締結するものですので、定型的なひな形を用いていたとしても、これをそのまま契約内容とするのではなく、個別案件に基づく諸々の事情を反映させて、依頼者ごとに異なった内容の契約を締結することが一般的です。そのため、委任契約・顧問契約は、通常は不特定多数の者を相手方として行う取引とは解されません（①否定）。また、その内容の全部または一部が画一的であることがその双方にとって合理的とも解されません（②否定）。したがって、定型的なひな形を用いていたとしても、これが「定型約款」に該当して、改正法548条の2ないし4の規定の適用を受けるものではないと考えられます。

第3章

民法改正が委任契約・顧問契約に与える影響（委任各論）

第 I 節　受任者の自己執行義務——復受任者を選任できる場合とはどのような場合か

　受任者は、依頼者から事務処理の委託を受けた場合、受任者自身で行う場合もあれば、受任者自身では行わずに、第三者を復受任者として選任して、その第三者に事務処理を依頼する場合もあるかと思います。ただ、委任は、一般的には契約当事者間の特別な信頼関係に基づくものですし、依頼者としても、受任者自身が事務処理をしてくれるものと期待していることが通常ですので、その期待は保護されてしかるべきです。

　そこで従前から、受任者は、基本的には委託された事務処理を自分で執行する義務があって、復受任者を選任することができる場合は例外的な場合であると考えられてきましたが、現民法においてはその旨定める明文の規定はありませんでした。

　改正法は、従前からの理解を踏まえて、受任者の自己執行義務に関する明文の規定を設けるものとなります。

1　改正法の内容

改正法

（復受任者の選任等）
第644条の2　受任者は、委任者の許諾を得たとき、又はやむを得ない事由があるときでなければ、復受任者を選任することができない。

> 2 代理権を付与する委任において、受任者が代理権を有する復受任者を選任したときは、復受任者は、委任者に対して、その権限の範囲内において、受任者と同一の権利を有し、義務を負う。

(1) 復受任者を選任できる場合とは──「委任者の許諾を得たとき」か「やむを得ない事由があるとき」だけ

　委任は当事者双方の特別な対人的信頼関係を基礎とする契約ですので、委任者が信頼できると思った受任者が、どのような場合でも、委任事務を実際に行う別の者を選任して、その者に委任事務を行わせることができてしまえば、信頼関係を基礎とする契約というところが根底から覆ってしまうおそれがあります。

　もっとも、どのような場合でも委任事務を受任者がすべて行わなければならない、というのも現実的ではありません。

　そもそも、自己執行義務を定める目的は、委任者と受任者との間の対人的信頼関係が基礎にあるため、復受任者を選任することについて委任者が許諾するのであればその信頼関係が崩れることはありません。

　また、どのような場合であっても自己執行義務を貫くことは現実的ではなく、結果的には委任者にとって不都合が生じることもあります。

　そこで、改正法644条の2第1項では、原則としては自己執行義務という義務を受任者に課しつつ、例外的に、委任者の許諾を得たとき、またはやむを得ない事由があるときは、復受任者を選任できるということが明文化されました。

(2) 受任者が選任した復受任者と依頼者との関係

　改正法644条の2第2項は、「復代理人は、本人及び第三者に対して、代理人と同一の権利を有し、義務を負う」という現民法107条2項の規定と同趣旨の規定となります。

　改正法644条の2第2項が新設された経緯ですが、現民法107条2項が定

めるもののうち、任意代理人が選任した復代理人と本人との関係に関する部分は、委任の内部関係、すなわち復受任者と依頼者との関係そのものですので、民法の体系上、委任の項目で定めておくべきものと考えられたことによります。

なお、復受任者が依頼者に対して受任者と同一の権利義務を有するのは、受任者が依頼者に対して行うこととされた委任事務のうち、復受任者の権限の範囲とされた部分に限定されるべきであると考えられますので、この点も明文化されました。

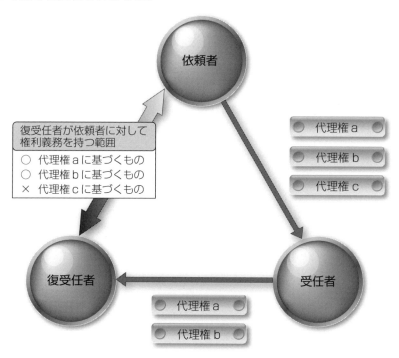

Q3-1 復受任者を選任した場合の受任者の責任について

復受任者を選任した場合、受任者が依頼者に対して負担する責任は軽減されるのでしょうか。

A 改正法644条の2第2項の規定が明文化された背景には、復受任者は依頼者に対して、委任事務を処理するための権利を持ち、義務を負うという前提があります。

一方、復受任者を選任した場合の受任者が依頼者に対して負う責任がどのようになるのかについては、改正法においても、明文の規定は設けられませんでした。

明文の規定がない以上、解釈によることになりますが、「委任者の許諾を得たとき」または「やむを得ない事由があるとき」という限られた場合にのみ復受任が認められるわけですから、受任者は、復受任者の選任・監督についてのみ責任を負うと考えるのが一般的です[1]。

また、受任者が、依頼者（委任者）の指名に従って復受任者を選任した場合にも、受任者は免責される可能性があります。ただし、依頼者によって指名された者が、復受任者として適任ではないまたは不誠実であることを知りながら、依頼者にそのことを通知し、または復受任者を解任することを怠った場合は、受任者は免責されないと解されます[2]。

1　川井健『民法概論4 債権各論（補訂版）』（有斐閣、2010年）306頁
2　山本敬三『民法講義Ⅳ-1 契約』（有斐閣、2005年）725頁

Q3-2 履行補助者の使用について

委任事務履行の補助として事務員を用いる場合に、依頼者の許諾は必要ないのでしょうか。

A この問題は、復受任者と履行補助者との境界線として論じられる問題です。

債務者が債務の履行のために使用する者を履行補助者といいますが、税理士事務所や会計事務所などに所属している事務員は、履行補助者に該当すると解されます。

この点、受任者は事務の性質に応じて、自己の責任をもって事務処理の手段である労務をさせるために、履行補助者を使用することは差し支えないと考えられています。ただし、事務処理それ自体は受任者自らが行う必要があります[3]。

履行補助者を用いることが委任契約の性質上予定されていて、あくまで事務処理それ自体は受任者が行っているといえる場合は、依頼者と受任者との間での対人的信頼関係を覆すようなことにはなりませんので、履行補助者を用いることに委任者の許諾は不要です。

ただし、履行補助者を用いる受任者の立場において留意すべきなのは、受任者の帰責事由には履行補助者の過失が含まれるということです[4]。つまり、履行補助者の故意・過失があった行為についても、受任者は責任を負わなければならないということに注意が必要です。

---

[3] 幾代通・広中俊雄編『新版 法釈民法（16）債権（7）雇傭・請負・委任・寄託』（有斐閣、1989年）227頁
[4] 最判昭和30年4月19日民集9巻5号556頁）

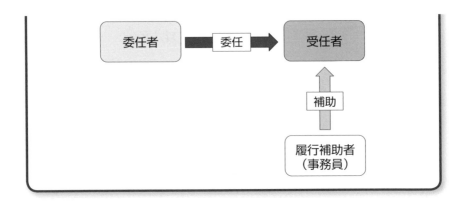

2 委任契約・顧問契約に与える影響

　上述のとおり、従前から、受任者は、基本的には、委託された事務処理を自分で執行する義務があるとされていましたので、特に大きな影響を与えるものではありません。

　もっとも、明文化されることにより、依頼者としても、かかる規定の存在を認識することとなりますので、委任契約・顧問契約を締結される際には、その点を意識しておく必要がありますし、あらかじめ同意を取っておくなどの対処が必要になることもあるでしょう。

第Ⅱ節 報酬に関する規律——報酬の請求時期と委任事務を処理することができなくなった場合等の報酬の請求

　受任者が依頼者との間で何らかの委任事務を行う契約を締結した場合、依頼者から受任者に対して、通常、報酬の支払いがなされることになりますが、受任者はいつになれば報酬の支払いを求めることができるのでしょうか。

　また、受任者が委任事務を処理している最中に、委任事務を処理することができなくなったり委任契約が終了したりした場合、受任者は、どの程度の報酬の支払いを受けることができるのでしょうか。

　改正法では、何に対して報酬が支払われることになるのかということに着目して委任契約を場合分けした上で、報酬の支払時期や受任者の有する報酬請求権に関する規定を設けています。

1 報酬の支払時期

（1）改正法の内容

> **現民法**
>
> （受任者の報酬）
> 第648条2項　受任者は、報酬を受けるべき場合には、委任事務を履行した後でなければ、これを請求することができない。ただし、期間によって報酬を定めたときは、第624条第2項の規定を準用する。

> **改正法**
>
> （成果等に対する報酬）
> 第648条の2　委任事務の履行により得られる成果に対して報酬を支払うことを約した場合において、その成果が引渡しを要するときは、報酬は、その成果の引渡しと同時に、支払わなければならない。

　委任契約における報酬は、仕事の完成に対するものではなく、委任事務の処理という役務の提供に対するものと考えられてきました。**2**で後述する現民法648条3項では、委任契約が中途で終了した場合について、「既にした履行の割合に応じて報酬を請求することができる」と規定されていますが、この規定は委任契約の報酬が履行の割合に応じて定められるという典型的な類型を念頭に置いたものと考えられます。

　しかし、委任契約においては、委任事務の処理という役務の提供そのものではなく、その結果としてもたらされた成果に対する対価として報酬が支払われるものもあります。

　このように、委任契約と一口にいっても、何に対して報酬が支払われることになるのかについて、①委任事務の処理という労務に対して報酬が支払われる場合（履行割合型）と、②委任事務の処理の結果として成果が達成されたときに、その成果に対して報酬を支払うことを約した場合（成果完成型）の2種類に場合分けができます。

　このように場合分けができることを踏まえ、報酬の支払時期についても、それぞれの場合に応じたデフォルトルールを定めておくべきということから、従前規定がなかった成果完成型の場合についての報酬の支払時期が明文化されることとなりました。

　そして、成果完成型の委任の場合は、報酬の支払いの面では請負契約に近い性質を有しておりますので、請負契約の報酬支払時期に関する民法上のルール、すなわち、受任者は、委任者に対して、成果の引渡しが必要な場合には成果の引渡と同時に、成果の引渡しが必要でない場合には成果

が完成した後に、報酬を請求できることになります。

Q 3-3 成果完成型の委任契約について

成果完成型といわれる委任契約とはどんな場合のことをいうのでしょうか。

A 例えば、弁護士に対する訴訟委任がされ、勝訴判決を得た場合には一定の成功報酬を支払う旨の合意がされる場合が考えられます。

また、契約の媒介を目的とする契約で、委任者と第三者との間に契約が成立した場合には、媒介者が報酬を請求することができるとされている場合もこの例として挙げることができます[5]。

これらの例のように、報酬が役務の提供そのものに対して支払われ、時間的または量的に区分された履行の割合に応じてその額が算定されるものではなく、役務の提供の結果としてもたらされる成果に対して報酬が支払われる場合を成果完成型の委任契約と理解することになります。

Q 3-4 成果完成型の委任契約と請負契約との違いについて

成果完成型といわれる委任契約と請負契約との違いはなんでしょうか。

A 請負契約の報酬は、役務の提供の結果もたらされた成果に対して支払われるものですので、成果完成型といわれる委任契約の報酬支払

---

[5] 部会資料46・68頁

方式と共通します。

　しかし、成果完成型といわれる委任契約と請負契約とでは、事務処理を引き受けた者が負担する義務に違いがあります。

　請負契約では、請負人は仕事を完成する義務を負っていますが、成果完成型といわれる委任契約では、あくまでその成果を実現するために善管注意義務をもって委任事務を処理しなければならないということにとどまり、その成果を実現する義務は負っていません。

　例を挙げて説明しますと、建物建築請負においては請負人はその建物を完成する義務を負っていますので、建物を完成させることができなかった場合には債務不履行による損害賠償義務を負う可能性があります。これに対して、弁護士への訴訟委任において成功報酬の定めがあったとしても、受任者である弁護士は成功するように善管注意義務を果たせば債務を履行したことになりますので、結果として成功をしなかったとしても債務不履行責任を負うわけではありません[6]。

（2）任意規定であること

　ただし、この条項は、委任契約上、依頼者と受任者との間で報酬の支払時期に関して何の定めもなかった場合のことを定めたものですので、契約当事者において、このルールと違う報酬支払時期を希望する場合は、その旨を委任契約書に定めておけば、その定めが優先します。

　例えば、委任事務の処理の結果として成果物が発生する場合であっても、受任者としては、成果物を引き渡す前に、あるいは段階的に報酬を貰いたいという場合もあると思います。このような場合は、その旨、委任契約書に明記をしておく必要があります。

---

[6]　部会資料46・69頁

（3）委任契約・顧問契約に与える影響

　契約書が作成されている場合、その支払条件・時期は通常規定がなされていると思われますし、上述のとおり改正法648条の2は任意規定であり、契約書の規定が優先されますので、実務上大きな影響はないと思われます。もっとも、依頼者が消費者（個人（事業としてまたは事業のために契約の当事者となる場合におけるものを除く）。消費者契約法2Ⅰ）の場合、当該規定の適用による場合に比して、依頼者の義務を加重する条項であって、信義則に反して依頼者の利益を一方的に害するものは無効とされますので、留意が必要です（消費者契約法10）。

2 委任事務を処理することができなくなった場合等の報酬請求権

（1）改正法の内容

現民法

（受任者の報酬）
第648条　（1・2項省略）
3　委任が受任者の責めに帰することができない事由によって履行の中途で終了したときは、受任者は、既にした履行の割合に応じて報酬を請求することができる。

改正法

（受任者の報酬）
第648条　（1・2項省略）
3　受任者は、次に掲げる場合には、既にした履行の割合に応じて報酬を請求することができる。
　一　委任者の責めに帰することができない事由によって委任事務の履行をすることができなくなったとき。
　二　委任が履行の中途で終了したとき。

> **改正法**
>
> （成果等に対する報酬）
> 第648条の2　（1項省略）
> 　2　第634条の規定は、委任事務の履行により得られる成果に対して報酬を支払うことを約した場合について準用する。

> **改正法**
>
> （注文者が受ける利益の割合に応じた報酬）
> 第634条　次に掲げる場合において、請負人が既にした仕事の結果のうち可分な部分の給付によって注文者が利益を受けるときは、その部分を仕事の完成とみなす。この場合において、請負人は、注文者が受ける利益の割合に応じて報酬を請求することができる。
> 　一　注文者の責めに帰することができない事由によって仕事を完成することができなくなったとき。
> 　二　請負が仕事の完成前に解除されたとき。

　これら改正法の規定は、改正法648条2項で述べたように、委任契約において何に対して報酬が支払われるのかという場合分けを前提として、各場合に相応しい報酬請求権の内容を定めるものです。

　まず、改正法648条3項は、履行割合型の委任を想定したものです。この場合において、委任者（依頼者）の責めに帰することができない事由によって委任事務の履行をすることができなくなったとき、または委任が履行の中途で終了したときは、受任者は、委任者に対して、「既にした履行の割合に応じて」報酬を請求することができます。

　一方、改正法648条の2の場合は、委任事務の履行により得られる成果に対して報酬を支払うことを約した場合、すなわち成果完成型の委任を想定したものです。この場合において、委任者の責めに帰することができない事由によって成果を得ることができなくなったとき、または委任者が成果を得る前に委任が終了したときは、すでにした委任事務の処理による結

果が可分であり、かつ、その給付によって委任者が利益を受けるときに限り、その部分を得られた成果とみなした上で、受任者は、委任者が受ける利益の限度において、報酬を請求することができます。

なお、委任者の責めに帰すべき事由があるがために受任者が仕事を完成することができなかった場合には、報酬の全額請求をすることは、民法改正前から可能と理解されておりましたが、本改正後もこの理解に変更はありません。

(2) 任意規定であること

この条項も、改正法648条2項と同様、委任契約上、依頼者と受任者との間で委任事務を処理することができなくなった場合等の報酬請求権に関して何の定めもなかった場合のことを定めたものですので、契約当事者間で、これとは違ったルールを契約書に定めておけば、その定めが優先することになります。

(3) 委任契約・顧問契約に与える影響

改正法648条の2の場合ほど契約書上に明文の規定が置かれていなかったかもしれませんが、内容は従前の実務を大きく変えるようなものではないため、大きな影響はないと思われます。もっとも、改正法648条の2と同様、依頼者が消費者の場合、消費者契約法10条に留意が必要です。

(4) 改正法648条2・3項及び648条の2との関係

改正法648条2・3項及び648条の2との関係を表にまとめると、次頁のとおりとなります。

	委任契約	
	履行割合型	成果完成型
報酬支払時期	●期間によって報酬を定めたとき ⇒ その期間を経過した後 ●上記の場合以外 ⇒ 委任事務を終了した後	●成果の引渡しが必要なとき ⇒ 成果の引渡しと同時 ●成果の引渡しが必要でないとき ⇒ 成果が完成した後
一部請求	●既にした履行の割合に応じて報酬を請求することができるときとは ⇒ 以下の〈場合①〉または〈場合②〉いずれかのとき 〈場合①〉 委任者の責めに帰することができない事由によって委任事務を処理することができなくなったとき 〈場合②〉 委任が履行の中途で終了したとき	●委任者が受ける利益の限度において報酬を請求することができるときとは ⇒ 以下の〈要件①〉と〈要件②〉いずれも充足したとき 〈要件①〉 委任者の責めに帰することができない事由によって成果を得ることができなくなったとき または、 成果を得る前に委任が終了したとき 〈要件②〉 すでにした委任事務の処理による結果が可分であり、かつ、その給付によって委任者が利益を受けるとき

Q 3-5 委任契約が中途で終了した場合における報酬の特約について

委任契約書に「如何なる理由により契約解除、辞任に至った場合でも、着手金相当額は返金致しません。」との条項が規定されている場合、依頼者が当該委任契約関係を途中で解約した場合、受任者としては、受領済みの着手金は委任契約の条項どおり返金しなくてもよいのでしょうか。

A 改正法のもとでは、**2**(**1**)で述べたとおり、履行割合型の場合は、受任者は依頼者に対して、既にした履行の割合に応じて報酬を請求することができるとされ（改正法648Ⅲ）、成果完成型の場合は、受任者は依頼者が受ける利益の限度において報酬を請求することができるとされています（改正法648の2、634）。

このような民法の定めは、委任契約が中途で終了した場合にはなされた委任事務の内容に応じた報酬が支払われるべきという考え方が背景にあるものと思われます。

一方、このような特約条項は、依頼者が消費者である場合には、消費者契約法上の制限を受けることがあります。つまり、このような条項は、委任契約解消の時期、事由にかかわらず、一律に着手金相当額の支払義務を依頼者に負わせるものですので、依頼者が消費者である場合、依頼者の義務を著しく加重する条項として消費者契約法10条により無効であるとされるおそれがあるとともに、解除の事由、時期等の区分に応じて受任者に生ずべき平均的な損害を超える違約罰を定めるものとして消費者契約法9条1号により無効とされるおそれもあります。

なお、これと同じ条項を委任契約書に定めていた司法書士法人について、適格消費者団体から裁判外での差止請求がなされた結果とし

て、同条項は削除され、「当事務所の責めに帰さない事由により契約解除、もしくは辞任に至った場合、既に履行した業務の割合に応じて報酬を請求させて頂きます。」との条項が追加する対応がなされた事例があるとのことです[7]。

Q 3-6 委任契約が中途で終了した場合における費用負担について

委任事務の処理が中途で終了した場合に、受任者が委任事務の処理のために支出した費用を依頼者に負担してもらうことができるのでしょうか。

A 委任契約については、委任事務の処理に必要な費用は、民法649条（受任者による費用の前払請求）、650条（受任者による費用等の償還請求等）によって規律されています（これら規定は改正法による変更はありません）。

したがって、委任事務の処理のために支出した費用を依頼者に負担してもらうためには、受任者は依頼者に対し、これら規定に基づく請求、すなわち、委任事務を処理する前に必要な費用の前払請求を行っておくか、前払を受けていない場合には委任事務の処理のために支出した費用の償還請求を行うことになります。

---

[7] 消費者庁「消費者団体訴訟制度差止請求事例集」（平成26年3月）72〜75頁。

第Ⅲ節　委任契約の任意解除権

　委任契約が不合理な時期に解除された場合、解除された者は、予期しないときに委任契約が終了するため、そのことによって損害を被ることがあります。このような損害を相手方から賠償してもらうことは可能でしょうか。

　現行民法では、このような場合に賠償を受けることができるのは、解除された者にとって不利な時期に解除をしたときだけ（ただし、解除にやむを得ない事由があったときは賠償を受けることはできません）とされていました。

　改正法は、以下に述べます判例法理を踏まえて、解除をした者が解除をされた者に対して損害の賠償をしなければならない場合を追加しました。

1　改正法の内容

現民法

（委任の解除）
第651条　委任は、各当事者がいつでもその解除をすることができる。
2　当事者の一方が相手方に不利な時期に委任の解除をしたときは、その当事者の一方は、相手方の損害を賠償しなければならない。ただし、やむを得ない事由があったときは、この限りでない。

> **改正法**
>
> （委任の解除）
> 第651条　委任は、各当事者がいつでもその解除をすることができる。
> 2　前項の規定により委任の解除をした者は、次に掲げる場合には、相手方の損害を賠償しなければならない。ただし、やむを得ない事由があったときは、この限りでない。
> 一　相手方に不利な時期に委任を解除したとき。
> 二　委任者が受任者の利益（専ら報酬を得ることによるものを除く。）をも目的とする委任を解除したとき。

　委任契約は、当事者双方の信用を基礎として成立していますので、原則として、その信頼が崩れたときは、その契約を解除することが認められるべきと考えられます。そのことを明文化しているのが、民法651条1項の規定です。

　また、最判昭和56年1月19日民集35巻1号1頁は、委任が解除されることについてやむをえない事由があったとはいえない場合について、「委任者が委任契約の解除権自体を放棄したものとは解されない事情があるとき」には、「委任者の意思に反して事務処理を継続させることは、委任者の利益を阻害し委任契約の本旨に反することになる」として、委任者は「委任契約を解除することができ、ただ、受任者がこれによって不利益を受けるときは、委任者から損害の賠償を受けることによって、その不利益を填補されれば足りるものと解するのが相当である」と判示しています。

　改正法651条2項は、この判示を明文化したものといえます。

2　任意解除権を放棄する合意をすることの留意点

　民法651条1項は改正法による変更はありません。当該規定は任意規定であり、任意解除権を放棄する合意も有効と解される場合があると考えられています（もっとも、学説上では、この規律を強行規定と解するべきか、任意

規定と解するべきか、争いがあるところです)。ただし、判例上、依頼者の解除権の放棄の特約が不当に依頼者の権利を制限し、受任者をして法律上享受しえない利益を獲得せしめる目的に出たときには、その特約は公序良俗違反ないし脱法行為として無効であると判断されています[8]。

この判例を踏まえると、どんな場合でも任意解除権を放棄する合意が有効となるわけではなく、依頼者の権利がどの程度制限されることになるのかや、受任者の目的がどのようなものであるのかということによっては、任意解除権を放棄する合意は無効となる場合があるということになります。

3 解除の方法

任意解除権に基づく解除の方法ですが、解除権を行使する相手方に対する意思表示をもって足ります。この解除の意思表示を行うにあたって解除に至る具体的理由を示す必要はありませんし、また、解除の理由を示した場合であってもこの理由が正当であるか否かを問いません。

Q 3-7 委任者の損害賠償義務について

「損害」(改正法651Ⅱ)とはなにを指すのでしょうか。

A この「損害」とは、解除の時期が不合理であったことによる損害のみが対象となり、委任契約上得ることができたはずの報酬ではないと解されています[9]。

---

8 大判昭和5年4月15日評論全集19巻民法665頁
9 最判昭和56年1月19日民集35巻1号1頁、ただし一般化するのは問題があるとの指摘があります。潮見佳男『民法(債権関係)改正法の概要』(きんざい、2017年)324頁

Q 3-8 不利な時期の解除について

事務処理完了を条件として報酬の支払いを受けるという特約を設けた委任契約書を締結していたところ、依頼者によって委任契約が中途解約されました。このような場合の解約は、受任者にとって不利な時期の解約といえるのでしょうか。

A この場合の報酬は、解約の時期いかんにかかわらず、委任契約が解約されれば常に当然失われるべきものですので、受任者にとって不利な時期の解約といえません。

Q 3-9 やむを得ない事由による解除について

「やむを得ない事由」（改正法651Ⅱ）とはどういった事由を指すのでしょうか。

A 委任の解除をする場合であっても、解除をした者にとって、その解除にやむを得ない事由があると認められる場合は、解除をされた者が被った損害の賠償をする義務はありません。

例えば、事務処理を引き受けた受任者が突如病気にかかり、もはや委任事務を処理することがかなわなくなり、委任を解除した場合には、「やむを得ない事由」が認められ、依頼者が被った損害の賠償をする義務はありません[10]。

---

[10] 幾代通・広中俊雄編『新版 註釈民法（16）債権（7）雇傭・請負・委任・寄託』（有斐閣、1989年）289頁

4 委任契約・顧問契約に与える影響

改正法651条2項は判例法理の明文化のため、特段の影響を及ぼさないと解されます。

第4章

委任契約書

第Ⅰ節　契約書作成の有用性

1　契約書作成の目的

　契約書を作成することのメリットは一般的に言い尽くされているところですが、委任契約において契約書を作成するメリットを確認すると、まず何よりも「依頼者と受任者との間の契約の成立を明確にできる」ことが挙げられます。

　ともすれば、契約書を締結せず、口頭のやりとりで委任事務を進めていくこともあるかと思います。その後、順調にいけば問題にはならないかもしれませんが、途中でトラブルになったときには、契約の成立自体に疑義が生じるおそれがあり、報酬の支払いを拒まれることがあるかもしれません。

　また、契約書の作成により、「契約の内容を明確にできる」というメリットもあります。依頼者と受任者との間で十分な意思疎通ができていなかった場合、後日、委任契約の目的とする業務の範囲、報酬の発生時期、発生金額、その他の契約内容が問題となることが考えられます。

　特に、依頼者が法律に詳しくない場合、民法上規定がなされている事項であっても、依頼者がその内容を認識しているとは限らず、それが理由でトラブルになることも考えられます。この場合、仮に法的には受任者の理解、主張が正しくても、無用なトラブルを招いたり、依頼者に不満が残ったりする結果となりかねません。そのために、契約書上、委任契約の内容を明確にしておき、後日のトラブルを未然に防ぐことが非常に重要となり

ます。

さらに、委任契約の目的を契約書に明記しておくことは、契約解消の手続や損害賠償の内容が問題となった場合にも有用です。例えば、委任契約は、依頼者と受任者との間の信頼関係を基礎としているため、いつでも委任契約について解除することが認められていますが、一定の場合には、解除したことによって損害賠償責任が発生します（改正法651Ⅱ）。

具体的には、委任契約を解除する「やむを得ない事由」があったと認められない場合には、相手方に不利な時期に委任を解除したときや、依頼者が受任者の利益をも目的とする委任（もっぱら報酬を得ることによるものである場合を除きますので、委任が有償というだけではあたりません。例えば、不動産の譲渡人が登記の変更手続を譲受人に委任する場合や債務者が第三者に対して有する債権の取立てを債権者に委任し、債権者が取り立てたものから債務の弁済に充当する場合などがこれにあたります[1]）を解除したときには、相手方の損害を賠償しなければならないこととされています。そのため、委任契約の目的を契約書に明記しておくことは、このような賠償責任が発生するかどうかの判断を行う際に、有益なものといえます。また、専門家の説明義務違反・善管注意義務違反などを問われた場合にも、業務の範囲が明確になっていることで、専門家として負うべき説明義務・善管注意義務の範囲を画定しやすくもなります。

2　依頼者の能力に問題が生じた場合

依頼者に生じた事情のうち、委任契約の終了事由に影響を及ぼす場合として規定されているものとして、依頼者の死亡と破産手続開始の決定があります（民653）。

---

[1] 我妻榮＝有泉亨＝清水誠＝田山輝明『我妻・有泉コンメンタール民法——総則・物権・債権——（第4版）』（日本評論社、2016年）1197頁

しかし、例えば、依頼内容が依頼者の子どもが中学校を卒業するまでの養育である場合など、依頼者が死亡した場合でも継続したほうが依頼の趣旨に合致する場合もあります。そのような場合については、委任契約の特約を定めることで依頼者が死亡しても委任契約を存続させることも可能となります[2]。具体的な特約の定め方については、第Ⅲ節12を参照してください。

また、依頼者が重度の認知症になるなどして意思能力を失った場合については、委任の終了事由には挙げられていません（民653）。もっとも、委任契約書が作成されていなかったり、委任契約書は作成されていても業務内容が明確に記載されていないような場合、意思能力を失った以降に依頼者に委任事務の内容を確認することはできず、委任事務が遂行できなくなるおそれがあります。

依頼者に成年後見人が選任されたり、任意後見人がいる場合には、これらの後見人に確認することができますが、そのような後見人がいる場合ばかりとは限りませんし、選任にも一定の時間がかかります。このような事態に備えて、契約書を作成し、委任事務の内容を明確にしておくことは、このような事態となった場合でも委任事務を円滑に遂行できることに役立つことがあります。

3 民法のデフォルト規定の変更の必要性

例えば、2で挙げた依頼者の子どもの養育を委任の目的としている場合のように、民法の規定をそのまま適用して、依頼者の死亡を委任の終了原因としてしまうと、当該委任契約の本来の目的にそぐわない結果となるなど、不都合が生じる場合があります。これ以外にも、報酬の発生時期な

2　大判昭和5年5月15日法律新聞3127号13頁

ど、民法のデフォルト規定どおりでは不都合が生じる場合があります。

　そこで、このような場合に備えて、委任契約書の中で、民法の規定に対する変更を行っていく必要性がでてきます。具体的に、どのような条項において、どのような規定をしていくのがよいのかは、第Ⅲ節において具体的な条項案をもとに説明していきます。

第Ⅱ節 専門家の説明義務及び善管注意義務

1 はじめに

　委任契約の具体的な条項の説明に入る前に、本書を手に取られた専門家の皆様にご留意いただきたいこととして、委任契約の受任者となる場合の専門家の説明義務や善管注意義務は高度なものが要求される、ということがあります。これらの義務について違反が認められると、依頼者に対して損害賠償義務を負うおそれもあります[3]。

　そのため、業務を進めていく上で、各業法の目的や委任の趣旨に沿って、依頼者に対して、十分な説明を行う必要がありますし、契約書を作成していく場合にも、受任者が行うべき業務内容が何か、もしくは委任の対象としていないことは何か、というものを明確に意識した上で作成していくことが必要となります。

　専門家の善管注意義務の内容、程度は専門家によって、また業務内容によって様々であり、これを論ずることは本書ではできませんが、契約書を作成していく上で意識しておかなければならない大前提として、専門家の善管注意義務違反が問題となった裁判例をいくつか紹介しながら、専門家が負うべき善管注意義務のレベル感に触れた上で[4]、契約書の各条項につ

---

[3] なお、この善管注意義務については、報酬が少ないという理由では免れることはできない（大判大正10年4月23日民録27集757頁）こととされています。一方、無償の場合には、善管注意義務の程度が軽減されるかどうかについて議論があります。

いて説明を行いたいと思います。

2 専門家の説明義務・善管注意義務違反が問題となった裁判例の紹介

（1）税理士の善管注意義務違反を認めた裁判例

東京地判平成24年1月30日判タ1404号207頁	
概要	相続税等に関して税務申告を依頼された税理士が行った申告について、海外資産などの相続財産の申告漏れ等の不備があったため、修正申告や重加算税の納付を余儀なくされたとして、依頼者から損害賠償請求を受けた事案。
判決	重加算税額及び相続税額の軽減が受けられなかった額に相当する額の賠償を認めた。

　本判決は、税務申告の委任を受けた税理士は、申告書を作成するに際して、基本的に依頼者から提供された資料や依頼者からの指示説明に依拠することは当然のことであるが、依頼者から提供された資料が不十分であったり、依頼者の指示説明が不適切であったりした場合には、依頼者に対して追加の資料請求や調査を指示するなどして、それを是正して適正に申告を行う義務があるとして、それを怠った税理士に委任契約に基づく善管注意義務違反を認め、重加算税額及び相続税額の軽減が受けられなかった額に相当する額の賠償を認めました[5]。

---

[4] 詳細については、川井健編『専門家の責任』（日本評論社、1993）や山川一陽他編『専門家責任の理論と実際　法律・会計専門家の責任と保険』（新日本法規、1994）などを参照してください。

[5] 税理士の責任に関する裁判例としては、他にも、税理士が委任者に相続時精算課税について適切な説明をすべき義務を怠ったとしたもの（東京地判平成24年1月20日LEX／DB文献番号25490929）、相続税の申告について、借入金債務を念頭に置かなかった結果、より有利な遺産分割の案があることを提示しなかったことについて税理士に過失があるとして、税理士に責任を認めたもの（東京地判平成10年9月18日判タ1002号202頁）などがあります。

(2) 税理士の助言・指導義務違反を認めた裁判例

東京地判平成21年10月26日判タ1340号199頁	
概要	税理士が作成した確定申告書等をもとに依頼者が確定申告したところ、税務署による税務調査を受けた結果、修正申告を行い、重加算税、延滞税等を賦課されたため、依頼者が、税理士に対して職務上の注意義務違反を理由として、委任契約の債務不履行に基づく損害賠償請求を事案。
判決	重加算税及び延滞税等を賦課された額に相当する額の賠償を認めた。

　本判決は、税理士は、本件委任契約に基づき、依頼者に対し、税務の専門家として、税務に関する法令、実務に関する専門知識に基づいて、原告からの委任の趣旨に沿うよう、適切な助言や指導を行って、確定申告書等の作成事務を行うべき義務を負う、とした上で、依頼者が一部の収入や支出を明らかにせず、自分の計算どおりに申告して欲しい旨の要望があり、税理士としてはその内容を確認する権限がないため、やむを得ず依頼者の計算どおりの金額を採用して確定申告したとの税理士の主張に対して、その要望内容が適切か否かについて、調査、確認すべきであり、仮に、不適切な要望である場合には、その要望を漫然と受け入れることなく、これを改めるよう、助言または指導すべき義務を負うとし、税理士の賠償義務を認めました。

(3) 税理士の法令調査義務違反を認めた裁判例①

大阪地判平成20年7月29日判タ1290号163頁	
概要	依頼者が租税特別措置法68条の2第1項4号に基づく、法人税に係る同族会社の留保金課税を非課税とする特例制度を当時利用することができたのに、税理士等が確認を怠ったためにそれを利用できず、余分な納税をしたとして、税理士と会計監査法人に対して損害賠償請求を求めたもの。依頼者の担当者が、監査を依頼していた監査法人の担当者に対して、上記の特例制度を利用できるか否かを尋ねたところ、監査法人の担当者が上記特例制度の適用の可否の判定のための自己資本比率の計算に

	ついて間違った結果を教示したため、依頼者の担当者も上記特例制度を利用できないものと信じ、税理士にも監査法人から上記特例制度を利用できないと言われた旨伝えたところ、税理士も是正をしなかったという事案。
判決	税理士の責任を一定範囲で認めた（ただし、過失相殺を認めた）。 監査法人の責任については、税理士の過誤が重大であり、監査法人の行為と依頼者の損害との間の法的な因果関係が中断されているとして責任を否定。

　本判決は、「委任された事務処理の範囲や方法について、依頼者の指示があれば、原則としてそれに従うべきことは当然であるが、税理士は、専門家として、一般人よりも高度な知識と技能を有し、公正かつ誠実に職務を執行すべきものであるから、依頼者からの明示の指示がなくても、自己の裁量によって依頼の趣旨に沿うように事務を処理すべきであるし、さらに、依頼者の指示が不適切であれば、これを正し、それを適切なものに変更させるなど、依頼者の依頼の趣旨に従って依頼者の信頼に応えるようにしなければならない。したがって、税理士は、専門的な立場から依頼者の説明に従属することなく、必要な範囲で、その依頼が適切であるかも調査確認すべきである。」としました。一方で、税理士において、監査法人の公認会計士がまさか誤った計算をしたとは思わず、税理士が上記特例制度の適用はないとの先入観を持たされる状況にあったことは、過失相殺において考慮すべき事情となるとして、過失相殺を認めました。

　他方、監査法人の責任については、税理士の過誤が重大であり、監査法人の行為と依頼者の損害との間の法的な因果関係は中断されているとして、責任を認めませんでした。

（4）税理士の法令調査義務違反を認めた裁判例②

	神戸地判平成5年11月24日判夕870号199頁
概要	税務顧問契約を締結していた税理士が、2つの会社の代表者を務める者から両会社の清算について相談を受けた際に、実際は租税特別措置法の規定により損金算入が認められないにもかかわらず、同法に関する理解が不十分であったことや税務署の担当者から誤った教示を受けていたことを理由に、依頼者に対して損金算入ができる旨の誤った教示等を行った結果、依頼者が、買換資産の取得を中止し、買換特例の適用を受ける機会を失い、売買差益の繰り越しができなくなったり、会社の解散が遅れたために、欠損金の損金算入ができなくなったりしたことによる損害賠償請求を受けた事案。
判決	依頼者が節税できなかった額に相当する額の賠償を認めた。

　本判決は、税理士の職歴及び税理士としての資格・経験等に鑑みて、法人税法及び租税特別措置法の各規定の法意を十分理解しておく職務上の義務があったとして、誤った教示をした税理士に顧問契約の債務不履行に基づき、原告が節税できなかった額についての損害賠償を認めたものです。

（5）不正を看過した会計監査人の責任を認めた裁判例

	東京地判平成15年4月14日判時1826号97頁
概要	労働組合が、公認会計士との間で、労働組合法5条2項7号の規定に基づく法定監査（強制監査）として、計算書類の監査を依頼する旨の契約を締結したところ、同労働組合では、会計業務を担当していた本部書記長が横領をしていたが、この者が自身の横領の事実の発覚を防ぐため、横領口座に係る偽造印鑑を用いて精巧に偽造した残高証明書や預金通帳の偽造コピーを提示したところ、公認会計士は預金通帳の原本の実査を行わず、労働組合の計算書類は収支の状況及び期末の財政状態を適切に表示している旨の適正意見表明を行ったもの。 　後日、当該横領が発覚したため、労働組合が、公認会計士が監査契約上の注意義務に違反して通常実施すべき監査手続を実施しなかったため

	に、労働組合内部における横領行為の発覚が遅れ、その結果多額の損害を被ったと主張して、公認会計士に対し、債務不履行に基づく損害賠償を求めた事案。
判決	公認会計士の責任を一部認めた（ただし、7割の過失相殺を認めた）。

　本判決は、会計監査は不正・誤謬の発見を目的とするものではないとした上で、公認会計士が計算書類の監査を行うにあたっては、計算書類の適正性・適法性を確かめる前提として、不正・誤謬があり得ることを念頭に置いて監査を行う必要があるとしました。そして、「預金の実在性」という監査要点については、特段の事情がない限り、少なくとも預金先に対し直接預金残高を確認するかまたは預金通帳の原本を実査することは通常実施すべき監査手続として要求されており、このような監査手続を実施することが監査契約上の注意義務の内容をなしているというべきであるとしました。そして、本件において公認会計士が実施すべきであった監査手続の内容としては、本件事案では、預金先に対し直接預金残高を確認する方法をとることがほぼ不可能であったため、預金通帳の原本を実査する方法によって預金の実在性を確かめるべきとしました。しかし、これを怠った公認会計士は、この義務に違反したとして、損害賠償義務を認めました。

（6）弁護士の説明義務違反を認めた裁判例

最判平成25年4月16日判タ1393号74頁	
概要	弁護士が、依頼者から消費者金融5社からの借入れについて債務整理に係る法律事務を受任して、3つの業者から過払金を回収するとともに、他の2社のうち、1社とは和解をしたものの、残りの1社が弁護士の提示する弁済額で和解に応じなかったため、弁護士が消滅時効にかかるのを待つという方針を出したことについて、当該弁護士が委任契約に基づく説明義務違反による損害賠償請求を受けた事案。
判決	説明義務違反に基づく賠償責任を認めた。

本判決は、本件の事情のもとにおいては、消滅時効にかかるのを待つという方針を採るのであれば、消費者金融から提訴されて、遅延損害金も含めた負担が生じるリスクがあることや回収した過払金をもって消費者金融に対する債務を弁済するという選択肢があることを説明すべき義務を負っていたにもかかわらず、その説明を尽くしたとはいえないとして、委任契約に基づく説明義務違反の責任を認めました。

（7）司法書士の説明義務違反を認めた裁判例

大阪地判昭和63年5月25日判夕698号241頁	
概要	司法書士が不動産売買の取引の立会いと不動産の登記等手続を受任していたところ、その立会いの際に、抵当権を抹消するための書類が揃っていないことを認識していたにもかかわらず、買主が代金を支払うのを漫然と放置したことによって買主が損害を被ったとして損害賠償請求を受けた事案。
判決	善管注意義務違反に基づく賠償責任を認めた。

本判決は、司法書士は、依頼者から報酬を受け取って売買に立ち会ったのであるから、売買代金額やその支払期日、支払条件等を聞き質して、抵当権の登記が抹消されないまま、代金全額を支払うことの危険性について説明、助言した上で、依頼者の登記意思を実質的に確認する義務があったのにこれを怠ったとして善管注意義務に違反した債務不履行責任を認めました。

3　専門家の説明義務

このように、専門家については、自身が依頼を受けていた業務だけでなく、それに付随する事項について、不明確な部分があった場合に確認する必要があることや専門家として依頼者に積極的に助言や説明を行う義務が

あることが裁判例上も認められています。

そのため、委任契約を締結する場合には、どこまで自分の責任が及ぶのか、ということを想定しながら対応していくことが求められます。

場合によっては、委任業務の遂行に関する方針などを明確にするために、報酬や案件の対応方針に関する説明書や見積書を作成して、依頼者に説明、交付するということも検討するとよいでしょう。

以下、他の専門家の方にも参考になる部分があるかと思いますので、弁護士が事件を受任する際の説明書の一例をお示しします。

弁護士報酬等の説明書

　以下の事件の今後の方針及び弁護士報酬等は以下のとおりです。

【事件の表示】
　　事件名　　貸金返還請求事件
　　相手方　　○○株式会社

【処理方針と今後想定される手続】[6]
1　貴社の代理人として、相手方に対して貸金の返還を求める通知書を送付し、貸金の返還に関する交渉を行います。相手方の資力に応じて、返済額の減額や分割での弁済に関する提示を行う場合には、事前に貴社とご相談いたします。
2　交渉によっても、相手方から貴社が了解できる条件が提示されない場合には、貴社の同意を得た上で□□地方裁判所に対して、貸金の返還を求める訴訟を提起いたします。
3　訴訟においては、△△△が争点となる可能性があります。
　　……（争点の説明）……

---

[6] 必要に応じて、依頼者から説明を受けた事実や説明書作成における前提事実を記載することも考えられます。

【受任範囲】
　相手方との交渉
　なお、相手方の対応に応じて訴訟手続が必要となった場合には、訴訟手続についても受任するかどうか事前に貴社と協議いたします。

【弁護士報酬等の概要】
1　交渉受任に関する弁護士報酬
　(1)　交渉の受任時
　　　　　交渉着手金　　金〇万円
　　　　　予納実費　　　金〇万円
　(2)　交渉で終了した場合の終了時
　　　　　報　　酬　　　金〇万円
　　ただし、減額に応じた場合など、得られた経済的利益が後記の想定よりも下回った場合は、経済的利益に応じて、以下の算出方法にて報酬金額を定めるものとします。
　　　……（報酬金額の説明）……
2　訴訟受任に関する弁護士報酬
　(1)　訴訟の受任時
　　　　　訴訟着手金　　金〇万円
　　　　……（以下、省略）……
3　備　考
　　経済的利益の額は、金〇万円としております。実費については、事件終了後、精算いたします。

　次節では、具体的な委任契約の条項例をもとに、委任契約を締結する場合に、どのような事項に留意する必要があるかを見ていきたいと思います。

第Ⅲ節　委任契約書条項案

1　業務の目的と範囲

　ここでは、税理士の業務委任契約を例に、その目的と範囲について、解説します。

● 税理士顧問契約の目的例

> 1　委任者は受任者に対し、以下に掲げる範囲の事務の処理を委任し、受任者はこれを受任する。
> 　① 　甲の法人税、事業税、住民税及び消費税の税務書類の作成並びに税務代理業務
> 　② 　甲の税務調査の立会い
> 　③ 　甲の税務相談
> 　④ 　甲の総勘定元帳及び試算表の作成並びに決算
> 　⑤ 　甲の会計処理に関する指導及び相談
> 2　前項に掲げる項目以外の業務については、委任者及び受任者において別途協議するものとする。

● 税理士業務委託契約の目的例（チェックリスト形式）

> ☐　記帳代行業務（帳簿の作成）
> ☐　決算処理業務（決算書の作成）
> ☐　税務申告書類作成業務（税務申告書の作成）
> ☐　申告業務（税務申告書の提出）
> ☐　税務調査業務（所得税、法人税、消費税、源泉税）

委任契約では、契約書の冒頭で委任業務の目的や範囲を記載することがよく見られます。このような条項を定めておくことで委任業務の目的や範囲を明確にすることができ、専門家として責任を負うべき善管注意義務の範囲を限定することができます。

記載方法としては、業務の目的や範囲をそのまま記載することもありますし、汎用的なひな型として用意されている委任契約書においては、チェック形式で委任業務の目的や範囲をチェックするものもあります。

後者の記載方法では、委任業務だけでなく、チェックが入っていないものを見ることで、委任されていない業務の範囲も明確になるというメリットもあります。

一方、前者の記載方法では、委任の目的や範囲を詳細に書くことで同様の効果が期待できますし、委任の目的や範囲に含まれないものを別途記載することで、より明確にできるというメリットもあります。上述のとおり、専門家が負うべき善管注意義務は高度でかつその範囲も広いため、委任の範囲や目的となっていない事項について、記載する必要性が高い場合もあります。

例えば、事業計画や資金計画等のチェックを行う場合に、将来的な達成可能性や資金繰りの確実性の担保については業務の範囲から外したり、デュー・デリジェンスを行う場合に、資料の正確性については確認の範囲から外す、もしくは、正確な資料が依頼者等から提供されていることを契約の前提としたり、委任業務の遂行の前提として必要な説明や資料の提供を依頼者に義務づけることもあります。

2 委任期間

委任期間に関する例示は次のとおりです。

● 業務委任期間

> 本業務契約の業務委託期間は、平成○年○月○日から１年間とする。ただし、業務委託期間満了の１か月前までに、委任者及び受任者いずれかからも契約終了の申入れがない場合、同一条件で１年間自動更新するものとする。

　財務に関する調査などのように、単発の委任契約であれば、契約期間を明確に区切ることで専門家として業務を行うべき期間を明確にすることができます。例えば、「受任者は、平成○年○月○日までに、本件調査の結果を依頼者に書面にて報告することとする。」などとすれば、業務遂行及び報告の期間が明確にされます。

　税務代理など、対応期間が当初想定できない場合などには、そもそも業務委託の期間を定めないという対応をすることもあります。

　一方、顧問契約や税務申告など、継続的に業務を行っていくことが予定されている業務については、条項案のように、契約期間を定めた上で、但書以下のような自動更新条項を入れることで、契約を締結し直すことなく、契約を継続させることができます。

3　報酬

● 毎月定額の報酬を受領する場合

> 1　業務委託報酬は、月額金○○万円（消費税込）とし、委任者は、毎月末日限り、受任者の指定する口座に振り込む方法により支払うものとする。ただし、振込手数料は委任者の負担とする。
> 2　委託業務以外の業務を行う場合や委託業務の履行に要する作業時間が当初の想定を大幅に上回る場合には、報酬について、委任者及び受任者で別途協議を行うものとする。
> 3　契約期間中に消費税等の率の変更があった場合、変更が効力を生じた日

より当然に変更後の消費税等の率が適用され、乙は、以後の本件報酬及びその他の費用について変更後の消費税等の率に従って計算された消費税等を支払うものとする。

●タイムチャージで報酬を受領する場合

1　業務委託報酬は、時間制報酬（タイムチャージ）とし、1時間当たりの単価は金○万円（消費税・地方消費税別途）とする。
2　受任者は、委任者に対し、翌月○日までに、当月分の業務内容報告書を提出して報酬請求を行い、委任者は、受任者から提出された業務内容報告書に基づき、当月分の報酬を翌月末日までに、受任者の指定する口座に振り込む方法により支払うものとする。ただし、振込手数料は委任者の負担とする。

●税務顧問契約に他の業務報酬も記載する場合

1　報酬は、以下に定めるとおりとする（消費税・地方消費税別途）。
　①　顧問報酬　月額　金○万円
　②　税務書類及び決算書類作成の報酬　金△万円
　③　税務調査立会い報酬　1日当たり金×万円。
2　前項の報酬の額は、委任者と受任者の協議によって変更できるものとする。

　改正法では、委任契約の類型として、履行割合型と請負に類似する成果完成型の2種類を想定しており、それぞれに対応した報酬の支払時期を定めています。しかし、受任者によっては、委任業務に着手する時点で、着手金の形で一定の報酬を受け取りたい場合や契約期間に応じて、月額金○万円といった形で受け取りたい場合など、業務の履行割合や成果と連動しない形で報酬を受け取りたいといったニーズもあります。そのため、条項案のように、改正法の報酬支払時期と異なった規定を定めることで、任意の時期に報酬を受け取ることが可能となります。
　業務内容が複雑で業務に要する時間を想定するのが難しい場合などに

は、条項案の1つ目の但書のような規定を置いて、当初の想定時間を上回った場合には報酬額について別途協議を行うような定めを置いたり、2つ目の条項案のように一定額のタイムチャージに基づいて報酬が発生する旨の定めを置いたりすることもあります。その前提として、事前に作業の見積時間を記載しておくこともあります。

また、将来的に、消費税が8％から10％に税率変更されることが予定されているため、顧問契約のように継続的な委任契約については、消費税率の変更に対する対応も考えられます。

例えば、1つ目の条項案の第3項のような条項を入れて、消費税率の変動に対応するという方法も考えられますし、消費税別途と明記した上で、税抜価格を記載することも考えられます。

4 利率

改正法では、法定利率が変動制になりました。また、改正法施行当初は、年3分の割合となりました。そのため、支払いが遅延した時期によっては契約時の法定利率と異なることがありますし、改正法施行当初は、現行法の年5分の割合よりも低い利率となります。

そこで、条項案のように、遅延損害金の利率について定めておくことで利率を一定の割合にしておくことができます。

●報酬の遅延損害金の利息を約定する場合

> 委任者が、第○条に定める報酬の支払を遅延した場合、支払が遅延した日から支払がなされる日まで、報酬額の年○分の割合による遅延損害金を付加して支払うものとする。

5 費用の前払、償還請求

　委任を受ける業務の内容によっては、一定の費用の支払いを必要とする場合があります。例えば、司法書士が登記手続を行う場合には、登録免許税や印紙税などが必要となりますが、登記の内容によっては高額になることもあります。そこで、事前に一定の費用の支払いを必要とすることが分かっている場合には、実費として一定額を預かることも考えられます。

　ただし、実際には、事前に判明しなかった費用の支出が生じることもあるため、委任契約の段階で全ての費用を予測することが困難な場合もあります。そのため、費用を事前に預かる場合には、次の例のように一定額の費用を預かることとした上で、委任業務が終了した時点で精算を行うという方法が一般的でしょう。

● 費用の前払の例

> 　委任者は、受任者に対し、費用の概算として金〇万円を預託する。
> 　受任者は、委任者から預託を受けた費用について、本件業務が終了したときに精算を行うものとする。

6 受取物の引渡し

　民法646条では、受任者が委任業務を処理する際に受け取った金銭等については、委任者に引き渡さなければならないものとされています。条項案の本文はこのことを確認した規定です。

　ただし、委任者が報酬等を支払っていないにもかかわらず、受取物の引渡しを行わなければならないのは当事者間の公平にも反しますので、条項案の但書のように、報酬等が支払われていない場合には、成果物の引渡しを拒否できることを確認する条項を入れておくこともあります。

● 受取物の引渡しに関する例

> 受任者は、委任者に対し、本件業務の遂行に伴い受領した金銭や書類等について、本件業務終了後、速やかに引き渡すものとする。
> ただし、委任者が報酬又は実費を支払わない場合、受任者は委任者に対する金銭債務と相殺をし、又は本件業務遂行にあたって受領した書類等について引渡しを拒むことができる。この場合には、受任者は、委任者に対して、その旨を通知するものとする。

7 秘密保持

業務を委任された受任者は、依頼者から営業秘密や経営ノウハウなどを開示されることがあります。また、依頼者が明示的にこれらの営業秘密や経営ノウハウ等の秘密情報を開示していなくても、業務の中で秘密情報に触れることもあります。

しかし、依頼者が有する秘密情報はあくまで委任業務を遂行する目的のために受任者に開示したものであるので、受任者が不正に第三者に公表しないように依頼者から秘密保持義務を課されることがあります。

秘密情報については、第三者への開示を禁止することもありますし、書面による事前の承認を得ることで開示を可能とすることも多く見られます。

● 秘密保持について詳細に記載を行った場合

> 1　受任者は、本件業務遂行の過程で委任者から開示を受けた秘密、業務上の知識及びノウハウ等の情報のうち、開示を受ける際に明示的又は黙示的に秘密であることが示された情報（以下「秘密情報」という）については秘密を保持し、再委託先に開示する場合を除いて、事前に依頼者の書面による承諾を得ることなしに、第三者に開示・漏えいしてはならない。また、受任者は秘密情報を本件業務遂行の目的以外に利用してもならない。
> 2　前項の規定に基づいて、受任者が再委託先に秘密情報を開示する場合に

は、受任者は、自らが負う義務と同様の義務を再委託先に負わせなければならない。
3　第1項の規定にかかわらず、次の各号のいずれかにでも該当する場合は、秘密情報から除外するものとする。
　①　開示を受けた時点で既に公知である情報
　②　開示を受けた時点で相手方が既に知得していた情報
　③　開示を受けた後に、相手方の責に帰すことのできない事由により公知となった情報
　④　正当な権限を有する第三者から秘密保持義務を負わずに知得した情報。
4　前3項にかかわらず、委任者は、法令に基づき秘密情報の開示を要求された場合など、正当な理由がある場合には、必要最小限の範囲で秘密情報の開示をすることができる。
5　本条の規定は、本契約の有効期間中及び有効期間満了後も3年間有効とする。

　ただし、秘密情報として受任者に一定の義務を課す以上、その対象を秘密情報として保護するに値する情報に限定するために、上の条項案の第3項のように、依頼者からその情報について開示されなかったとしても、受任者が知ることができたといえるような情報については、保護対象から外すのが一般的です。この秘密保持義務に違反して、依頼者の重要な情報を漏えいしてしまった場合には、依頼者から責任を問われる可能性があります。ただし、秘密を漏えいしたことによる損害額を立証することは困難を伴うことが多いため、あらかじめ当事者間で秘密を漏えいした場合の損害賠償額の予定について定めたり、違約金について合意をしたりすることもあります。

　なお、秘密保持義務については、契約が修了した後も一定期間存続することが多く見られます。これは、契約が修了しても秘密情報の有用性が残っていることがあるために定められるもので、その期間については、情報の重要性に加えて、その情報の有用性が期間の経過とともに減少するも

のなのかどうかや有用性が減少する場合、そのスピードも考慮して設定することとなります。

以上のような内容を踏まえて詳細に記述すると、まさに上の条項案のような秘密保持条項となりますが、このような秘密保持条項を課さなくても、士業には法律上秘密保持義務が課されているため（公認会計士法27、税理士法38、弁護士法23、司法書士法24、行政書士法12など）、このような秘密保持条項の制約を受けるまでもなく、法律上も職務上知りえた情報を漏えいしない義務も負っています。

そのため、委任契約の中には、秘密保持条項をいれていない場合も多く見られますし、秘密保持条項を入れるとしても、下の条項案のように簡易な内容のものにとどめていることもあります。

●秘密保持について簡易な記載を行った場合

> 受任者は、本業務の遂行上知りえた秘密を本業務の遂行のためにのみ使用するものとし、委任者の承諾なしに第三者に開示をしないものとする。

8 業務実施者

改正法においては、受任者自らが委任を受けた業務を実施することが原則と明記されました（改正法644の2）。これを「自己執行義務」といいます。そして、他の者に委任を受けた業務を執行させる場合には、委任者の許諾またはやむを得ない事由を必要とすることを明示しました。

しかし、調査業務など、委任を受けた業務の内容によっては、多数の者によって業務を行う必要があることも多く、委任契約の段階で業務の実施者を必ずしも特定できない場合があります。そのため、例えば、条項案のように、他の者に業務の一部または全部の執行を委ねることについて、包括的に事前承認を得ておくことも検討が必要になります。

● **法人や組合等の団体が受任した場合**

> 1 本業務を実施するにあたり、受任者の主たる業務執行者は次のとおりとする。
> 　○○○○○　　公認会計士
> 　△△△△　　税理士
> 2 委任者は、受任者が必要と認めた場合には、受任者が選任した者に本業務の一部又は全部の執行を委ねることを承諾する。この場合においても、本業務の履行についての責任は受任者のみが負うものとする。

一方、他の者に再委託を行うべき事情がない場合には、依頼者の安心感を得るために、受任者が業務を行うことを原則とし、他の者を関与させる場合には依頼者の了解を得るような条項とすることも考えられます。

例えば、「受任者は、受任者以外の者を関与させるときは、予め依頼者の承諾を得ることとする。」などといった条項案が考えられます。

また、受任者が、他の者に業務執行を委ねた場合、受任者から業務の執行を委任された者については、受任者と同様の責任を負うこととなる一方で、元々の受任者は、業務執行を委ねた他の者の選任・監督についてのみ責任を負うという考え方が一般的です。そのため、例えば、元々の受任者にも委任業務の執行について責任を負わせるようにしたり、逆に、条項案の第2項のように元々の受任者のみに責任を負わせるようにしたり、特別の定めを置く場合には、条項案第2項のように、別途条項を定める必要があります。受任者と受任者から選任された者全員に責任を負わせる場合には、以下のような条項案が考えられます。

> 2 本業務の履行についての責任は、受任者のみならず、受任者より業務執行の委託を受けた者も同様に負うものとする。

9 事件処理の中止

改正法上、委任契約の報酬は、委任契約の形態に応じて、履行割合型と成果報酬型に分けられますが（改正法648、648の2）、どちらも委任業務に着手するまでは報酬の支払請求をすることができません。そのため、報酬の支払時期について別途規定を設けるかどうかを検討する必要があることについては、3ですでに述べたとおりですが、このような別途規定が設けられている場合に報酬の支払いがなされなければ委任業務に着手しない、もしくは委任業務を中止できる、ということを明確にするために、次のような規定を入れることもあります。

> 1 委任者が報酬又は実費等の支払を遅延したときは、受任者は本件業務の処理に着手せず又はその処理を中止することができるものとする。
> 2 前項の場合、受任者は委任者に対し、速やかにその旨を通知するものとする。

特に、弁護士報酬などのように、事件に着手する際に着手金を請求するような業務においては、このような定めを設けることがよく見られます。このような定めを置く場合には、報酬の全部または一部の支払時期について、業務の着手前とされているかどうかについても別途確認が必要となります。

10 反社排除条項

反社排除条項とは、暴力団等の反社会的勢力を取引から排除するために設けられる条項のことで、近時、反社会的勢力との取引が大きく問題視されてきたことや暴力団排除に関する特約条項を定めるよう努力義務を課した暴力団排除条例が施行されたことなどから注目を集めていて、上場会社

などを中心に、次のような反社排除条項を契約書に挿入する例が多くなっています。

> 1　委任者及び受任者は、相手方に対し、現在及び将来において、次の各号のいずれにも該当しないことを表明し、保証する。
> 　①　自らが、暴力団、暴力団員、暴力団員でなくなった時から5年を経過しない者、暴力団準構成員、暴力団関係企業、総会屋、社会運動・政治活動標ぼうゴロ、特殊知能暴力集団、又はこれらに準ずる者（以下「反社会的勢力」という。）であること。
> 　②　自己の役員その他自己の経営を実質的に支配している者が反社会的勢力であること。
> 　③　自己の親会社、子会社又は関連会社が反社会的勢力であること。
> 　④　自ら若しくは自己の役員その他自己の経営を実質的に支配している者、又は自己の親会社、子会社若しくは関連会社が、反社会的勢力に対して資金を提供し、又は便宜を供与しているなど、反社会的勢力と密接な関係を有すること。
> 　⑤　自ら若しくは自己の役員その他自己の経営を実質的に支配する者、又は自己の親会社、子会社若しくは関連会社が、反社会的勢力を利用して、自己又は第三者の不正の利益を図り、また他者に損害を与えるなどの不当な行為を行うこと。
> 　⑥　自ら又は第三者を利用して、直接又は間接に、他者に対して詐術的行為、暴力的行為、脅迫的言動、業務妨害行為、不当要求行為等を行うこと。
> 2　委任者及び受任者は、自己の委託先、その他の取引先が反社会的勢力であることが判明した場合、当該取引先との取引を速やかに終了するものとする。
> 3　相手方が第1項の表明保証に違反していたことが判明した場合には、何らの催告を要せず、本契約を解除することができるものとする。
> 4　前項の規定により本契約が解除された場合、解除された者はその相手方に対し、解除により生じた損害について一切請求できないものとする。また、解除を行った者に損害が生じたときは、その相手方は、解除を行った者に生じた損害を賠償するものとする。

条項を入れる上で重要なポイントは、相手方が反社会的勢力であることが分かった場合に、即時に契約を解除できる条項にしておくことと、解除された相手方からの損害賠償請求をできないようにしておくことです。
　士業への委任契約に反社排除条項が挿入されることはこれまであまり見られませんでしたが、反社排除意識の高まりとともに、今後このような条項についても、契約書に挿入することを求められる機会も増えていくかもしれません。

11 中途解約

　委任契約は当事者間の信任関係を基礎とするものですから、契約の解除事由がない場合でも契約を途中で解約することが可能になります（民651Ⅰ）。解約とは、将来に向かって契約の効力を解消することを意味し、解約されるまでの間に行ってきた委任業務については、委任契約に基づいた業務となりますので、その業務執行についての報酬等の精算が必要となります。
　第3章で述べたとおり、改正法においては、委任契約を履行割合型と成果完成型の2種類に場合分けしています。そして、中途解約がなされた場合については、履行割合型の場合には、既にした履行の割合に応じて報酬を請求できることとされているのに対して、成果完成型の場合には、既に行った委任業務の結果が可分であって、かつ、委任者が利益を受けていると認められるときにのみ、利益を受けている部分についての報酬を請求できるものとされています。
　次の条項案では、履行の割合に応じた報酬の請求を認めることで、履行割合型の委任契約であることを明確にするとともに、精算の方法を明らかにしています。

> 1　委任者及び受任者は、いつでも、本契約を解除することができます。
> 2　前項に基づいて解除がされた場合には、受任者は、本業務の履行の割合に応じた報酬を請求することができるものとし、履行の割合については、委任者と受任者で協議を行うものとする。
> 3　第1項の解除が、相手方に不利な時期になされた場合には、相手方が被った損害を賠償するものとする。ただし、やむを得ない事由があったときは、この限りではない。

また、委任契約の解除が、相手方に不利な時期になされた場合には、やむを得ない理由がない限り、相手方が被った損害を賠償しなければならないこととされていますので（改正法651Ⅱ）、条項案では、その旨の確認もしています。

12　終了事由

> 本契約は、委任者の死亡によっても、終了しないものとする。

民法653条は、委任の終了事由として、
- 委任者または受任者の死亡
- 委任者または受任者が破産手続開始の決定を受けたこと
- 受任者が後見開始の審判を受けたこと

を規定しています。

しかし、このうち、委任者の死亡や受任者の破産、後見開始については、特約を結ぶことで、委任の終了事由に当たらないとすることが可能と考えられています。

上の条項案は、委任者の死亡を委任契約の終了事由としない場合の特約の例です。裁判例でも委任者が自分の子どもの養育を委任の目的としてい

た場合や自分の死後の葬式を含む法要の施行や費用の支払い、入院中に面倒を見てもらった人への謝礼金の支払いなどを委任の目的としていた場合に、委任者の死亡によっても委任契約を終了させないという合意があったと認定しているものもあります[7]が、これらと同様に、委任者の死亡後も契約を終了させない方がいい事情があるような場合には、条項案のような規定をあらかじめ挿入しておくことが考えられます。

13 解除事由

> 1　委任者又は受任者は、次の各号のいずれかにでも該当したときは、何らの催告なしに直ちに本契約の全部又は一部を解除することができる。
> ①　本契約の履行が不可能になったとき
> ②　相手方が本契約に定める義務の履行を拒絶する意思を明確に表示したとき
> ③　本契約に定める義務の一部の履行が不可能な場合又は相手方が本契約に定める義務の一部の履行を拒絶する意思を明確に表示している場合であって、残存する部分のみの履行では本契約の目的を達成できないとき
> ④　相手方が、強制執行、破産、特別清算、民事再生及び会社更生手続開始の申立てを受け、若しくは自ら申立てたとき
> 2　委任者又は受任者は、相手方が本契約の義務に違反したときは、相当な期間を定めて義務の履行を催告し、なお義務が履行されないときは、本契約の全部又は一部を解除することができるものとする。
> 3　委任者又は受任者は、本条第1項に定める解除事由が自己に生じたときは、相手方に対する一切の債務につき当然に期限の利益を喪失するものとする。

　解除事由とは、当該事由が発生した場合に、契約の解除を一方当事者に認めるものです。解除事由としては、契約条項に関する違反があった場合

7　最判平成4年9月22日金法1358号55頁

や契約内容を達成することについて何らかの障害となる事項が発生した場合を定めることが多く見られます。

解除事由に関する条項の中では、上記のようにどのような場合に契約の解除を行うことができるか、ということに加えて、解除を行う場合に、催告を要するのかどうかについて定めたりすることもあります。

改正法上のルールでは、解除を行う前に催告を要する場合と催告を要しない場合とが明確にされましたので、条項案でも、解除に際して催告を要しない場合を明記しておくことで、解除事由が発生した場合に、催告を行うことなく解除を可能とすることを明確にしています。

14 損害賠償

契約の履行にあたって、受任者の責めに帰すべき事由が認められる場合は、民法上受任者に損害賠償責任が生じます（改正法415Ⅰ）。そのため、損害賠償に関する条項を置かなかったとしても、受任者の損害賠償責任は認められます。下の条項案と民法上のルールとの違いは、責任の範囲を報酬額の限度としている点で、このような条項（責任制限条項）を置くことで受任者に故意や重過失が認められない場合には、損害賠償責任の範囲を一定の範囲に限定することが可能となります。

ただし、このような規定を置くと専門家として負うべき責任を一部逃れようとしているような印象も与えてしまうため、このような条項を入れたほうがいいのかどうかについては、依頼者との信頼関係の観点や業務内容から実際生じうる損害の程度などから別途検討が必要となります。

> 受任者が本契約の履行をしない場合、又は、契約の履行ができない場合には、受任者の責めに帰すべき事由に基づいて生じた委任者の損害について、本契約に基づいて受任者に支払われる報酬額を限度として賠償する責めを負うものとする。

> ただし、受任者に故意又は重過失があった場合はこの限りではない。

　なお、依頼者が消費者（個人（事業としてまたは事業のために契約の当事者となる場合におけるものを除く）。消契法２Ⅰ）の場合には、事業者の責任を免除する内容や故意重過失のある場合における責任の一部免除は、無効とされることとなります。

　また、民法、商法その他の法律の任意規定が適用された場合に比べて、依頼者たる消費者の権利を制限し、または義務を加重する条項で、信義誠実の原則（民法１Ⅱ）に反して依頼者たる消費者の利益を一方的に害するものは無効とされています（第１章参照）。したがって、依頼者が消費者に該当する場合において、受任者の責任を限定する場合には、これらの規定に留意が必要です。

15　個人情報の取扱い

　個人情報については、以前は、その個人情報の管理の仕方や取り扱う量等によって個人情報保護法の適用があるかどうかが異なりましたが、法改正により、個人情報データベース等を利用するすべての事業者（個人情報取扱事業者）に適用されることとなりました。そのため、個人情報取扱事業者であれば、個人情報の保護のために、個人データの漏えい防止のための措置を講じたり、業務従事者を適切に監督したりする義務を負いますし、個人データの取扱いを委託している相手について、個人情報保護法上の安全管理措置を遵守させるために必要な契約を締結することも経済産業分野ガイドラインにおいて要求されています。

　そのため、個人情報の取扱いについて、条項案のような形で個人情報保護法に基づく取扱いを行うよう求められることがあります。

　また、仮に個人情報取扱事業者に該当しない者でも、個人情報を漏えい

することによる責任が発生することを防止するために、受任者に対して、個人情報の使用を業務上必要な範囲に限定するなどの対応を求めることがありますし、士業であれば、法律上秘密保持義務を負っていますので、このような義務を課されなかったとしても、業務上取得した個人情報については、当然に第三者に漏らしてはならないものと考えられます。

> 1　受任者は、本業務に関して取得した個人情報を、個人情報保護法に従って取り扱うものとし、第三者に開示又は漏えいしてはならない。
> 2　受任者は、個人データを本契約のために使用するものとし、他の目的で使用してはならない。

16　不可抗力条項

　不可抗力条項とは、天災など当事者に予見できないような事情が発生した場合の対応について、定める条項のことです。
　民法上も受任者に過失がない場合には、受任者の債務不履行責任を問えないこととなりますが、民法上「不可抗力」について定義はなく、内容が不明確な面があるため、条項案のような不可抗力についての例示を踏まえた条項を入れて、「不可抗力」が発生した場合に、受任者の責任が生じないことを明確にしておくことがあります。

> 1　地震、台風、津波その他の天災地変、戦争、暴動、内乱又は公権力の命令処分等政治的事象、輸送機関の事故等の不可抗力により本契約に基づく債務の全部又は一部を履行することができなくなったときは、受任者は速やかに委任者に通知し、その後の対応について協議を行うものとする。
> 2　前項に定める事由が発生し、本契約の履行ができなくなった場合には、受任者はその責任を負わないものとする。

17 譲渡禁止条項

　譲渡禁止条項とは、契約から生じる権利や義務を第三者に譲渡することを禁止するものです。民法上は、債権の譲渡は自由にできることが原則とされていますが（民466Ⅰ）、委任契約は相手方当事者との信頼関係に基づいて締結されているため、権利義務関係が自由に第三者に譲渡できることは望ましくありません。また、報酬についても、自由に譲渡できるものとすると、依頼者において誰に支払うかについての管理が必要となって煩雑であり、二重払いのリスクを負いますし、さらに、依頼者が受任者に対して抗弁を取得したとしても、その時期が債権の譲渡後であった場合には、報酬の譲受人からの報酬の支払請求を拒めない場合もあります。

　そこで、そのような権利義務関係の譲渡を禁止するために条項案のような規定が設けられることが多く見られます。

　委任者及び受任者は、相手方の書面による事前の承諾がない限り、本契約により生じた契約上の地位を移転したり、又は本契約により生じた権利義務関係の全部若しくは一部を、第三者に譲渡し、若しくは担保に供することはできないものとする。

---

18 管轄裁判所

　管轄裁判所とは、当事者間で紛争が生じて訴訟手続を行う場合に、どこの裁判所で訴訟を行うかについて定めたものです。管轄裁判所について定めを置かなかった場合には、通常被告となる者の住所地などが訴訟提起をする裁判所となります（民事訴訟法4ほか）が、場合によっては遠隔地の裁判所で訴訟提起をしなければならないなどの不利益が生じることがあります。

　そのため、第一審に限っては、当事者の合意によって管轄する裁判所を

定めておくことができるという民事訴訟法上のルールを使って、契約上、管轄裁判所について定めを置くことが一般的に見られます。

　管轄裁判所の合意の仕方としては、民事訴訟法が定める管轄裁判所に加えて、両当事者で合意をした裁判所でも訴訟提起をすることを認める付加的な合意もありますが、一般的には、条項案でも記載をしているとおり、特定の裁判所のみでしか訴訟提起をできないこととする専属的合意管轄の取決めが行われています。このようにすることで、原則として契約書で定めた裁判所でしか訴訟提起ができないこととなります。

> 　委任者及び受任者は、本契約に関する一切の紛争については、〇〇地方裁判所を第一審の専属的管轄裁判所とすることに合意する。

19 誠実協議義務

　誠実協議義務とは、契約をめぐって、両当事者の間で何らかの問題が生じた場合に、誠実に協議を行って解決することを定めたものです。

　契約書上、このような条項が置かれることはよく見られますが、法律上具体的な義務を課すものではないため、特に大きな意味のある規定ではありません。

> 　委任者及び受任者は、本契約に定めのない事項又は解釈に疑義の生じた事項については、双方誠実に協議を行って解決するものとする。

第Ⅳ節　民法改正に伴う既存契約見直しのチェックポイント

　既に委任契約を締結されている場合については、以下の条項について特に注意をしながら、契約の見直しをしていく必要があります。

1　業務の目的と範囲

　改正法では、委任契約の類型として、履行割合型と成果完成型の2種類を想定しているため、委任を受ける内容がどちらに当たるか明らかにする観点からも、業務の目的や範囲について明確になっているか確認を行う必要があります。

2　報酬

　1で述べたとおり、改正法が委任契約の類型として2種類を想定していますが、それぞれに対応した報酬の支払時期も改正法で定められているため、支払時期を法律の定めと異なる時期に受け取りたい場合には、報酬の支払時期が明確に定められているか確認を行う必要があります。中途解約がなされた場合についても、履行割合に応じた報酬の請求を認める内容にするかについても検討が必要です（第Ⅲ節11参照）。

　また、消費税の税率が変更された場合の対応ができているかも確認が必要です（第Ⅲ節3参照）。

3 遅延損害金

　改正法では、法定利率が変動制となり、かつ、改正法施行当初は現在よりも低い年3パーセントとなりました。そのため、遅延損害金に関する定めがない場合には、改めて遅延損害金に定めをおくべきか検討をされてもいいでしょう（第Ⅲ節4参照）。

4 業務実施者

　改正法においては、原則として受任者が自ら委任を受けた業務を実施することが明記されました。そのため、他の者に業務の一部または全部の執行を委ねる可能性がある場合には、委任者の承諾を得る必要がありますので、その内容が定められているか確認を行う必要があります（第Ⅲ節8参照）。

■参考　委任契約書例

業務委託契約書

　委任者と受任者とは、業務の委託に関して、以下のとおり契約（以下「本契約」といいます）を締結する。

（業務の目的）　（⇒第Ⅲ節❶）
第1条　委任者は受任者に対し、本契約に基づいて、以下の業務を委託する。
　　　　① ○○○
　　　　② △△△
　　　　③ □□□
　　　　　（以下省）
2　委任者は、受任者が行う前項の業務が、○○について保証するものではないことについて確認する。

（委任期間）　（⇒第Ⅲ節❷）
第2条　本契約の業務委託期間は、平成○年○月○日から平成○年○月○日までの○か月間とする。ただし、委任者と受任者の協議の上、必要に応じて本契約の期間を延長できるものとする。

（報　酬）　（⇒第Ⅲ節❸）
第3条　本契約で定められた期間内の受任者の報酬は、金○万円（消費税・地方消費税別途）とする。
2　前項で定めた報酬は、平成○年○月○日までに受任者の指定する口座に振込送金によって支払うものとする。ただし、振込手数料は委任者の負担とする。
3　委託業務の履行に要する時間が当初の想定を大幅に超過すると予想される場合には、受任者及び委任者は報酬金額について別途協議を行うこととする。

（利　率）　（⇒第Ⅲ節❹）
第4条　委任者が、前条に定める報酬の支払を遅延した場合、支払が遅延した日から支払がなされる日まで、報酬額の年5分の割合による遅延損害金を付加して支払うものとする。

(費用の前払、償還請求)　(⇒第Ⅲ節**5**)
第5条　委任者は、受任者に対し、費用の概算として平成○年○月○日までに金○万円を預託する。
2　受任者は、委任者から預託を受けた費用について、本件業務が終了したときに精算を行うものとする。

(受取物の引渡し)　(⇒第Ⅲ節**6**)
第6条　受任者は、委任者に対し、本件業務の遂行に伴い受領した金銭その他の物について速やかに委任者に引き渡すものとする。
　　ただし、委任者が本契約で定めた報酬又は実費を支払わない場合、受任者は委任者に対する金銭債務と相殺をし、又は本件業務遂行にあたって受領した物について引渡しを拒むことができる。この場合には、受任者は、委任者に対して、その旨を通知するものとする。

(秘密保持)　(⇒第Ⅲ節**7**)
第7条　受任者は、本業務の遂行上知りえた秘密を本業務の遂行のためにのみ使用するものとし、委任者の承諾なしに第三者に開示をしないものとする。

(業務実施者)　(⇒第Ⅲ節**8**)
第8条　本業務を実施するにあたり、受任者の業務執行者は次のとおりとする。
　　業務執行者：○○○○
2　受任者は、前項に定める者以外の者を本業務に関与させるときは、予め委任者の承諾を得るものとする。
3　前項の定めにより第1項に定める者以外が本業務に関与する場合、本業務の履行についての責任は、受任者のみならず、前項の定めにより本業務に関与する者も同様に負うものとする。

(事件処理の中止)　(⇒第Ⅲ節**9**)
第9条　委任者が第3条第2項又は第5条第1項に定める報酬又は費用の支払を遅延した場合には、受任者は本件業務の処理に着手せず又はその処理を中止することができるものとする。
2　前項の場合、受任者は委任者に対して、速やかにその旨を通知するものとする。

(中途解約)　　(⇒第Ⅲ節**11**)
第10条　委任者及び受任者は、いつでも本契約を解除することができる。
2　前項に基づいて解除がなされた場合には、受任者は、本業務の履行割合に応じた報酬を請求することができ、履行の割合及び報酬の額については、委任者と受任者との間で協議を行うものとする。
3　第1項の解除が、相手方に不利な時期になされた場合には、相手方が被った損害を賠償するものとする。ただし、やむを得ない事由があったときは、この限りではない。

(解除事由)　　(⇒第Ⅲ節**13**)
第11条　委任者又は受任者は、次の各号のいずれかにでも該当したときは、何らの催告なしに直ちに本契約の全部又は一部を解除することができる。
　① 本契約の履行が不可能になったとき
　② 相手方が本契約に定める義務の履行を拒絶する意思を明確に表示したとき
　③ 本契約に定める義務の一部の履行が不可能な場合又は相手方が本契約に定める義務の一部の履行を拒絶する意思を明確に表示している場合であって、残存する部分のみの履行では本契約の目的を達成できないとき
　④ 相手方が、強制執行、破産、特別清算、民事再生及び会社更生手続開始の申立てを受け、若しくは自ら申立てたとき
2　委任者又は受任者は、相手方が本契約の義務に違反したときは、相当な期間を定めて義務の履行を催告し、なお義務が履行されないときは、本契約の全部又は一部を解除することができるものとする。
3　委任者又は受任者は、本条第1項に定める解除事由が自己に生じたときは、相手方に対する一切の債務につき当然に期限の利益を喪失するものとする。

(損害賠償請求)　　(⇒第Ⅲ節**14**)
第12条　受任者が本契約に定める義務の履行をしない場合、又は義務の履行ができない場合には、受任者の責めに帰すべき事由に基づいて生じた委任者の損害について、受任者は賠償する責めを負う。その限度額は、本契約に基づいて受任者に支払われる報酬額を限度とする。
　　ただし、受任者に故意又は重大な過失があった場合はこの限りではない。

（不可抗力条項）　（⇒第Ⅲ節16）
第13条　天災その他の不可抗力又は委任者・受任者のいずれの責めにもよらない事由で本契約の履行が不可能となった場合には、受任者と委任者において協議を行い、その後の対応について決定するものとする。
2　前項の場合、受任者はその責任を負わないものとする。

（譲渡禁止条項）　（⇒第Ⅲ節17）
第14条　委任者及び受任者は、本契約により生じた契約上の地位を移転すること、又は、本契約により生じた権利義務関係の全部若しくは一部を第三者に譲渡し、若しくは担保に供することはできないものとする。

（管轄裁判所）　（⇒第Ⅲ節18）
第15条　委任者及び受任者は、本契約に関する一切の紛争については、○○地方裁判所を第一審の専属的管轄裁判所とすることに合意する。

（誠実協議義務）　（⇒第Ⅲ節19）
第16条　委任者及び受任者は、本契約に定めのない事項又は解釈に疑義の生じた事項については、双方誠実に協議を行って解決するものとする。

　本契約の成立の証として、本契約書2通を作成し、委任者及び受任者署名（記名）捺印の上、各1通ずつ保有するものとする。

　平成○年○月○日

　　　　　　委任者：□□県□□市西□□町1-6-1　○○ビル6階
　　　　　　　　　　株式会社○○○○工業
　　　　　　　　　　　代表取締役　山田○一郎
　　　　　　受任者：東京都△△区△△1-6-1　○○ビル9階
　　　　　　　　　　　税理士　○○○○

資　料

■改正民法（平成29年法律第44号）（抜粋）

（成年）
第4条　年齢二十歳をもって、成年とする。
（未成年者の法律行為）
第5条　未成年者が法律行為をするには、その法定代理人の同意を得なければならない。ただし、単に権利を得、又は義務を免れる法律行為については、この限りでない。
2　前項の規定に反する法律行為は、取り消すことができる。
3　第1項の規定にかかわらず、法定代理人が目的を定めて処分を許した財産は、その目的の範囲内において、未成年者が自由に処分することができる。目的を定めないで処分を許した財産を処分するときも、同様とする。
（未成年者の営業の許可）
第6条　一種又は数種の営業を許された未成年者は、その営業に関しては、成年者と同一の行為能力を有する。
2　前項の場合において、未成年者がその営業に堪えることができない事由があるときは、その法定代理人は、第4編（親族）の規定に従い、その許可を取り消し、又はこれを制限することができる。
（後見開始の審判）
第7条　精神上の障害により事理を弁識する能力を欠く常況にある者については、家庭裁判所は、本人、配偶者、四親等内の親族、未成年後見人、未成年後見監督人、保佐人、保佐監督人、補助人、補助監督人又は検察官の請求により、後見開始の審判をすることができる。
（成年被後見人及び成年後見人）
第8条　後見開始の審判を受けた者は、成年被後見人とし、これに成年後見人を付する。
（成年被後見人の法律行為）
第9条　成年被後見人の法律行為は、取り消すことができる。ただし、日用品の購入その他日常生活に関する行為については、この限りでない。
（後見開始の審判の取消し）

第10条　第7条に規定する原因が消滅したときは、家庭裁判所は、本人、配偶者、四親等内の親族、後見人（未成年後見人及び成年後見人をいう。以下同じ。）、後見監督人（未成年後見監督人及び成年後見監督人をいう。以下同じ。）又は検察官の請求により、後見開始の審判を取り消さなければならない。

（保佐開始の審判）
第11条　精神上の障害により事理を弁識する能力が著しく不十分である者については、家庭裁判所は、本人、配偶者、四親等内の親族、後見人、後見監督人、補助人、補助監督人又は検察官の請求により、保佐開始の審判をすることができる。ただし、第7条に規定する原因がある者については、この限りでない。

（被保佐人及び保佐人）
第12条　保佐開始の審判を受けた者は、被保佐人とし、これに保佐人を付する。

（保佐人の同意を要する行為等）
第13条　被保佐人が次に掲げる行為をするには、その保佐人の同意を得なければならない。ただし、第9条ただし書に規定する行為については、この限りでない。
一　元本を領収し、又は利用すること。
二　借財又は保証をすること。
三　不動産その他重要な財産に関する権利の得喪を目的とする行為をすること。
四　訴訟行為をすること。
五　贈与、和解又は仲裁合意（仲裁法（平成15年法律第138号）第2条第1項に規定する仲裁合意をいう。）をすること。
六　相続の承認若しくは放棄又は遺産の分割をすること。
七　贈与の申込みを拒絶し、遺贈を放棄し、負担付贈与の申込みを承諾し、又は負担付遺贈を承認すること。
八　新築、改築、増築又は大修繕をすること。
九　第602条に定める期間を超える賃貸借をすること。
十　前各号に掲げる行為を制限行為能力者（未成年者、成年被後見人、被保佐人及び第17条第1項の審判を受けた被補助人をいう。以下同じ。）の法定代理人としてすること。

2　家庭裁判所は、第11条本文に規定する者又は保佐人若しくは保佐監督人の請求により、被保佐人が前項各号に掲げる行為以外の行為をする場合であってもその保佐人の同意を得なければならない旨の審判をすることができる。ただし、第9条ただし書に規定する行為については、この限りでない。

3　保佐人の同意を得なければならない行為について、保佐人が被保佐人の利益を害するおそれがないにもかかわらず同意をしないときは、家庭裁判所は、被保佐人の請求により、保佐人の同意に代わる許可を与えることができる。

4　保佐人の同意を得なければならない行為であって、その同意又はこれに代わる許可を得ないでしたものは、取り消すことができる。

（保佐開始の審判等の取消し）
第14条　第11条本文に規定する原因が消滅したときは、家庭裁判所は、本人、配偶者、四親等内の親族、未成年後見人、未成年後見監督人、保佐人、保佐監督人又は検察官の請求により、保佐開始の審判を取り消さなければならない。

2　家庭裁判所は、前項に規定する者の請求により、前条第2項の審判の全部又は一部を取り消すことができる。

（補助開始の審判）
第15条　精神上の障害により事理を弁識する能力が不十分である者については、家庭裁判所は、本人、配偶者、四親等内の親族、後見人、後見監督人、保佐人、保佐監督人又は検察官の請求により、補助開始の審判をすることができる。ただし、第7条又は第11条本文に規定する原因がある者については、この限りでない。

2　本人以外の者の請求により補助開始の審判をするには、本人の同意がなければならない。

3　補助開始の審判は、第17条第1項の審判又は第876条の9第1項の審判とともにしなければならない。

（被補助人及び補助人）
第16条　補助開始の審判を受けた者は、被補助人とし、これに補助人を付する。

（補助人の同意を要する旨の審判等）
第17条　家庭裁判所は、第15条第1項本文に規定する者又は補助人若しくは

補助監督人の請求により、被補助人が特定の法律行為をするにはその補助人の同意を得なければならない旨の審判をすることができる。ただし、その審判によりその同意を得なければならないものとすることができる行為は、第13条第1項に規定する行為の一部に限る。
2　本人以外の者の請求により前項の審判をするには、本人の同意がなければならない。
3　補助人の同意を得なければならない行為について、補助人が被補助人の利益を害するおそれがないにもかかわらず同意をしないときは、家庭裁判所は、被補助人の請求により、補助人の同意に代わる許可を与えることができる。
4　補助人の同意を得なければならない行為であって、その同意又はこれに代わる許可を得ないでしたものは、取り消すことができる。

(補助開始の審判等の取消し)
第18条　第15条第1項本文に規定する原因が消滅したときは、家庭裁判所は、本人、配偶者、四親等内の親族、未成年後見人、未成年後見監督人、補助人、補助監督人又は検察官の請求により、補助開始の審判を取り消さなければならない。
2　家庭裁判所は、前項に規定する者の請求により、前条第1項の審判の全部又は一部を取り消すことができる。
3　前条第1項の審判及び第876条の9第1項の審判をすべて取り消す場合には、家庭裁判所は、補助開始の審判を取り消さなければならない。

(審判相互の関係)
第19条　後見開始の審判をする場合において、本人が被保佐人又は被補助人であるときは、家庭裁判所は、その本人に係る保佐開始又は補助開始の審判を取り消さなければならない。
2　前項の規定は、保佐開始の審判をする場合において本人が成年被後見人若しくは被補助人であるとき、又は補助開始の審判をする場合において本人が成年被後見人若しくは被保佐人であるときについて準用する。

(制限行為能力者の相手方の催告権)
第20条　制限行為能力者の相手方は、その制限行為能力者が行為能力者(行為能力の制限を受けない者をいう。以下同じ。)となった後、その者に対し、1箇月以上の期間を定めて、その期間内にその取り消すことができる行為を追認するかどうかを確答すべき旨の催告をすることができる。この

場合において、その者がその期間内に確答を発しないときは、その行為を追認したものとみなす。

2　制限行為能力者の相手方が、制限行為能力者が行為能力者とならない間に、その法定代理人、保佐人又は補助人に対し、その権限内の行為について前項に規定する催告をした場合において、これらの者が同項の期間内に確答を発しないときも、同項後段と同様とする。

3　特別の方式を要する行為については、前2項の期間内にその方式を具備した旨の通知を発しないときは、その行為を取り消したものとみなす。

4　制限行為能力者の相手方は、被保佐人又は第17条第1項の審判を受けた被補助人に対しては、第1項の期間内にその保佐人又は補助人の追認を得るべき旨の催告をすることができる。この場合において、その被保佐人又は被補助人がその期間内にその追認を得た旨の通知を発しないときは、その行為を取り消したものとみなす。

（制限行為能力者の詐術）
第21条　制限行為能力者が行為能力者であることを信じさせるため詐術を用いたときは、その行為を取り消すことができない。

＊　　＊　　＊

（公序良俗）
第90条　公の秩序又は善良の風俗に反する法律行為は、無効とする。

（任意規定と異なる意思表示）
第91条　法律行為の当事者が法令中の公の秩序に関しない規定と異なる意思を表示したときは、その意思に従う。

（任意規定と異なる慣習）
第92条　法令中の公の秩序に関しない規定と異なる慣習がある場合において、法律行為の当事者がその慣習による意思を有しているものと認められるときは、その慣習に従う。

（心裡留保）
第93条　意思表示は、表意者がその真意ではないことを知ってしたときであっても、そのためにその効力を妨げられない。ただし、相手方がその意思表示が表意者の真意ではないことではないことを知り、又は知ることができたときは、その意思表示は、無効とする。

2　前項ただし書の規定による意思表示の無効は、善意の第三者に対抗することができない。

（虚偽表示）
第94条　相手方と通じてした虚偽の意思表示は、無効とする。
2　前項の規定による意思表示の無効は、善意の第三者に対抗することができない。

（錯誤）
第95条　意思表示は、次に掲げる錯誤に基づくものであって、その錯誤が法律行為の目的及び取引上の社会通念に照らして重要なものであるときは、取り消すことができる。
　一　意思表示に対応する意思を欠く錯誤
　二　表意者が法律行為の基礎とした事情についてのその認識が真実に反する錯誤
2　前項第2号の規定による意思表示の取消しは、その事情が法律行為の基礎とされていることが表示されていたときに限り、することができる。
3　錯誤が表意者の重大な過失によるものであった場合には、次に掲げる場合を除き、第1項の規定による意思表示の取消しをすることができない。
　一　相手方が表意者に錯誤があることを知り、又は重大な過失によって知らなかったとき。
　二　相手方が表意者と同一の錯誤に陥っていたとき。
4　第1項の規定による意思表示の取消しは、善意でかつ過失がない第三者に対抗することができない。

（詐欺又は強迫）
第96条　詐欺又は強迫による意思表示は、取り消すことができる。
2　相手方に対する意思表示について第三者が詐欺を行った場合においては、相手方がその事実を知り、又は知ることができたときに限り、その意思表示を取り消すことができる。
3　前2項の規定による詐欺による意思表示の取消しは、善意でかつ過失がない第三者に対抗することができない。

（意思表示の効力発生時期等）
第97条　意思表示は、その通知が相手方に到達した時からその効力を生ずる。
2　相手方が正当な理由なく意思表示の通知が到達することを妨げたときは、その通知は、通常到達すべきであった時に到達したものとみなす。
3　意思表示は、表意者が通知を発した後に死亡し、意思能力を喪失し、又

は行為能力の制限を受けたときであっても、そのためにその効力を妨げられない。

（公示による意思表示）
第98条　意思表示は、表意者が相手方を知ることができず、又はその所在を知ることができないときは、公示の方法によってすることができる。
2　前項の公示は、公示送達に関する民事訴訟法（平成8年法律第109号）の規定に従い、裁判所の掲示場に掲示し、かつ、その掲示があったことを官報に少なくとも一回掲載して行う。ただし、裁判所は、相当と認めるときは、官報への掲載に代えて、市役所、区役所、町村役場又はこれらに準ずる施設の掲示場に掲示すべきことを命ずることができる。
3　公示による意思表示は、最後に官報に掲載した日又はその掲載に代わる掲示を始めた日から2週間を経過した時に、相手方に到達したものとみなす。ただし、表意者が相手方を知らないこと又はその所在を知らないことについて過失があったときは、到達の効力を生じない。
4　公示に関する手続は、相手方を知ることができない場合には表意者の住所地の、相手方の所在を知ることができない場合には相手方の最後の住所地の簡易裁判所の管轄に属する。
5　裁判所は、表意者に、公示に関する費用を予納させなければならない。

（意思表示の受領能力）
第98条の2　意思表示の相手方がその意思表示を受けた時に意思能力を有しなかったとき又は未成年者若しくは成年被後見人であったときは、その意思表示をもってその相手方に対抗することができない。ただし、次に掲げる者がその意思表示を知った後は、この限りでない。
一　相手方の法定代理人
二　意思能力を回復し、又は行為能力者となった相手方

（代理行為の要件及び効果）
第99条　代理人がその権限内において本人のためにすることを示してした意思表示は、本人に対して直接にその効力を生ずる。
2　前項の規定は、第三者が代理人に対してした意思表示について準用する。

（本人のためにすることを示さない意思表示）
第100条　代理人が本人のためにすることを示さないでした意思表示は、自己のためにしたものとみなす。ただし、相手方が、代理人が本人のために

することを知り、又は知ることができたときは、前条第1項の規定を準用する。

(代理行為の瑕疵)
第101条　代理人が相手方に対してした意思表示の効力が意思の不存在、錯誤、詐欺、強迫又はある事情を知っていたこと若しくは知らなかったことにつき過失があったことによって影響を受けるべき場合には、その事実の有無は、代理人について決するものとする。
2　相手方が代理人に対してした意思表示の効力が意思表示を受けた者がある事情を知っていたこと又は知らなかったことにつき過失があったことによって影響を受けるべき場合には、その事実の有無は、代理人について決するものとする。
3　特定の法律行為をすることを委託された代理人がその行為をしたときは、本人は、自ら知っていた事情について代理人が知らなかったことを主張することができない。本人が過失によって知らなかった事情についても、同様とする。

(代理人の行為能力)
第102条　制限行為能力者が代理人としてした行為は、行為能力の制限によっては取り消すことができない。ただし、制限行為能力者が他の制限行為能力者の法定代理人としてした行為については、この限りでない。

(権限の定めのない代理人の権限)
第103条　権限の定めのない代理人は、次に掲げる行為のみをする権限を有する。
　一　保存行為
　二　代理の目的である物又は権利の性質を変えない範囲内において、その利用又は改良を目的とする行為

(任意代理人による復代理人の選任)
第104条　委任による代理人は、本人の許諾を得たとき、又はやむを得ない事由があるときでなければ、復代理人を選任することができない。

(法定代理人による復代理人の選任)
第105条　法定代理人は、自己の責任で復代理人を選任することができる。この場合において、やむを得ない事由があるときは、本人に対してその選任及び監督についての責任のみを負う。

(復代理人の権限等)

第106条　復代理人は、その権限内の行為について、本人を代表する。
2　復代理人は、本人及び第三者に対して、その権限の範囲内において、代理人と同一の権利を有し、義務を負う。
（代理権の濫用）
第107条　代理人が自己又は第三者の利益を図る目的で代理権の範囲内の行為をした場合において、相手方がその目的を知り、又は知ることができたときは、その行為は、代理権を有しない者がした行為とみなす。
（自己契約及び双方代理等）
第108条　同一の法律行為について、相手方の代理人として、又は当事者双方の代理人としてした行為は、代理権を有しない者がした行為とみなす。ただし、債務の履行及び本人があらかじめ許諾した行為については、この限りでない。
2　前項本文に規定するもののほか、代理人と本人との利益が相反する行為については、代理権を有しない者がした行為とみなす。ただし、本人があらかじめ許諾した行為については、この限りでない。
（代理権授与の表示による表見代理等）
第109条　第三者に対して他人に代理権を与えた旨を表示した者は、その代理権の範囲内においてその他人が第三者との間でした行為について、その責任を負う。ただし、第三者が、その他人が代理権を与えられていないことを知り、又は過失によって知らなかったときは、この限りでない。
2　第三者に対して他人に代理権を与えた旨を表示した者は、その代理権の範囲内においてその他人が第三者との間で行為をしたとすれば前項の規定によりその責任を負うべき場合において、その他人が第三者との間でその代理権の範囲外の行為をしたときは、第三者がその行為についてその他人の代理権があると信ずべき正当な理由があるときに限り、その行為についての責任を負う。
（権限外の行為の表見代理）
第110条　前条第1項本文の規定は、代理人がその権限外の行為をした場合において、第三者が代理人の権限があると信ずべき正当な理由があるときについて準用する。
（代理権の消滅事由）
第111条　代理権は、次に掲げる事由によって消滅する。
　一　本人の死亡

二　代理人の死亡又は代理人が破産手続開始の決定若しくは後見開始の審判を受けたこと。
2　委任による代理権は、前項各号に掲げる事由のほか、委任の終了によって消滅する。

（代理権消滅後の表見代理等）
第112条　他人に代理権を与えた者は、代理権の消滅後にその代理権の範囲内においてその他人が第三者との間でした行為について、代理権の消滅の事実を知らなかった第三者に対してその責任を負う。ただし、第三者が過失によってその事実を知らなかったときは、この限りでない。
2　他人に代理権を与えた者は、代理権の消滅後に、その代理権の範囲内においてその他人が第三者との間で行為をしたとすれば前項の規定によりその責任を負うべき場合において、その他人が第三者との間でその代理権の範囲外の行為をしたときは、第三者がその行為についてその他人の代理権があると信ずべき正当な理由があるときに限り、その行為についての責任を負う。

（無権代理）
第113条　代理権を有しない者が他人の代理人としてした契約は、本人がその追認をしなければ、本人に対してその効力を生じない。
2　追認又はその拒絶は、相手方に対してしなければ、その相手方に対抗することができない。ただし、相手方がその事実を知ったときは、この限りでない。

（無権代理の相手方の催告権）
第114条　前条の場合において、相手方は、本人に対し、相当の期間を定めて、その期間内に追認をするかどうかを確答すべき旨の催告をすることができる。この場合において、本人がその期間内に確答をしないときは、追認を拒絶したものとみなす。

（無権代理の相手方の取消権）
第115条　代理権を有しない者がした契約は、本人が追認をしない間は、相手方が取り消すことができる。ただし、契約の時において代理権を有しないことを相手方が知っていたときは、この限りでない。

（無権代理行為の追認）
第116条　追認は、別段の意思表示がないときは、契約の時にさかのぼってその効力を生ずる。ただし、第三者の権利を害することはできない。

（無権代理人の責任）

第117条　他人の代理人として契約をした者は、自己の代理権を証明したとき、又は本人の追認を得たときを除き、相手方の選択に従い、相手方に対して履行又は損害賠償の責任を負う。

2　前項の規定は、次に掲げる場合には、適用しない。
　一　他人の代理人として契約をした者が代理権を有しないことを相手方が知っていたとき。
　二　他人の代理人として契約をした者が代理権を有しないことを相手方が過失によって知らなかったとき。ただし、他人の代理人として契約をした者が自己に代理権がないことを知っていたときは、この限りでない。
　三　他人の代理人として契約をした者が行為能力の制限を受けていたとき。

（単独行為の無権代理）

第118条　単独行為については、その行為の時において、相手方が、代理人と称する者が代理権を有しないで行為をすることに同意し、又はその代理権を争わなかったときに限り、第113条から前条までの規定を準用する。代理権を有しない者に対しその同意を得て単独行為をしたときも、同様とする。

（無効な行為の追認）

第119条　無効な行為は、追認によっても、その効力を生じない。ただし、当事者がその行為の無効であることを知って追認をしたときは、新たな行為をしたものとみなす。

（取消権者）

第120条　行為能力の制限によって取り消すことができる行為は、制限行為能力者（他の制限行為能力者の法定代理人としてした行為にあっては、当該他の制限行為能力者を含む。）又はその代理人、承継人若しくは同意をすることができる者に限り、取り消すことができる。

2　錯誤、詐欺又は強迫によって取り消すことができる行為は、瑕疵ある意思表示をした者又はその代理人若しくは承継人に限り、取り消すことができる。

（取消しの効果）

第121条　取り消された行為は、初めから無効であったものとみなす。

（原状回復の義務）

第121条の2　無効な行為に基づく債務の履行として給付を受けた者は、相手方を原状に復させる義務を負う。
2　前項の規定にかかわらず、無効な無償行為に基づく債務の履行として給付を受けた者は、給付を受けた当時その行為が無効であること（給付を受けた後に前条の規定により初めから無効であったものとみなされた行為にあっては、給付を受けた当時その行為が取り消すことができるものであること）を知らなかったときは、その行為によって現に利益を受けている限度において、返還の義務を負う。
3　第1項の規定にかかわらず、行為の時に意思能力を有しなかった者は、その行為によって現に利益を受けている限度において、返還の義務を負う。行為の時に制限行為能力者であった者についても、同様とする。

（取り消すことができる行為の追認）
第122条　取り消すことができる行為は、第120条に規定する者が追認したときは、以後、取り消すことができない。

（取消し及び追認の方法）
第123条　取り消すことができる行為の相手方が確定している場合には、その取消し又は追認は、相手方に対する意思表示によってする。

（追認の要件）
第124条　取り消すことができる行為の追認は、取消しの原因となっていた状況が消滅し、かつ、取消権を有することを知った後にしなければ、その効力を生じない。
2　次に掲げる場合には、前項の追認は、取消しの原因となっていた状況が消滅した後にすることを要しない。
　一　法定代理人又は制限行為能力者の保佐人若しくは補助人が追認をするとき。
　二　制限行為能力者（成年被後見人を除く。）が法定代理人、保佐人又は補助人の同意を得て追認をするとき。

（法定追認）
第125条　追認をすることができる時以後に、取り消すことができる行為について次に掲げる事実があったときは、追認をしたものとみなす。ただし、異議をとどめたときは、この限りでない。
　一　全部又は一部の履行
　二　履行の請求

三　更改
四　担保の供与
五　取り消すことができる行為によって取得した権利の全部又は一部の譲渡
六　強制執行

(取消権の期間の制限)
第126条　取消権は、追認をすることができる時から5年間行使しないときは、時効によって消滅する。行為の時から20年を経過したときも、同様とする。

　　　　　　　　　　　＊　　　＊　　　＊

(時効の効力)
第144条　時効の効力は、その起算日にさかのぼる。

(時効の援用)
第145条　時効は、当事者(消滅時効にあっては、保証人、物上保証人、第三取得者その他権利の消滅について正当な利益を有する者を含む。)が援用しなければ、裁判所がこれによって裁判をすることができない。

(時効の利益の放棄)
第146条　時効の利益は、あらかじめ放棄することができない。

(裁判上の請求等による時効の完成猶予及び更新)
第147条　次に掲げる事由がある場合には、その事由が終了する(確定判決又は確定判決と同一の効力を有するものによって権利が確定することなくその事由が終了した場合にあっては、その終了の時から六箇月を経過する)までの間は、時効は、完成しない。
一　裁判上の請求
二　支払督促
三　民事訴訟法第275条第1項の和解又は民事調停法(昭和26年法律第222号)若しくは家事事件手続法(平成23年法律第52号)による調停
四　破産手続参加、再生手続参加又は更生手続参加
2　前項の場合において、確定判決又は確定判決と同一の効力を有するものによって権利が確定したときは、時効は、同項各号に掲げる事由が終了した時から新たにその進行を始める。

(強制執行等による時効の完成猶予及び更新)
第148条　次に掲げる事由がある場合には、その事由が終了する(申立ての

取下げ又は法律の規定に従わないことによる取消しによってその事由が終了した場合にあっては、その終了の時から6箇月を経過する）までの間は、時効は、完成しない。
- 一　強制執行
- 二　担保権の実行
- 三　民事執行法（昭和54年法律第4号）第195条に規定する担保権の実行としての競売の例による競売
- 四　民事執行法第196条に規定する財産開示手続

2　前項の場合には、時効は、同項各号に掲げる事由が終了した時から新たにその進行を始める。ただし、申立ての取下げ又は法律の規定に従わないことによる取消しによってその事由が終了した場合は、この限りでない。

（仮差押え等による時効の完成猶予）
第149条　次に掲げる事由がある場合には、その事由が終了した時から6箇月を経過するまでの間は、時効は、完成しない。
- 一　仮差押え
- 二　仮処分

（催告による時効の完成猶予）
第150条　催告があったときは、その時から6箇月を経過するまでの間は、時効は、完成しない。

2　催告によって時効の完成が猶予されている間にされた再度の催告は、前項の規定による時効の完成猶予の効力を有しない。

（協議を行う旨の合意による時効の完成猶予）
第151条　権利についての協議を行う旨の合意が書面でされたときは、次に掲げる時のいずれか早い時までの間は、時効は、完成しない。
- 一　その合意があった時から1年を経過した時
- 二　その合意において当事者が協議を行う期間（1年に満たないものに限る。）を定めたときは、その期間を経過した時
- 三　当事者の一方から相手方に対して協議の続行を拒絶する旨の通知が書面でされたときは、その通知の時から六箇月を経過した時

2　前項の規定により時効の完成が猶予されている間にされた再度の同項の合意は、同項の規定による時効の完成猶予の効力を有する。ただし、その効力は、時効の完成が猶予されなかったとすれば時効が完成すべき時から通じて5年を超えることができない。

3　催告によって時効の完成が猶予されている間にされた第1項の合意は、同項の規定による時効の完成猶予の効力を有しない。同項の規定により時効の完成が猶予されている間にされた催告についても、同様とする。
4　第1項の合意がその内容を記録した電磁的記録（電子的方式、磁気的方式その他人の知覚によっては認識することができない方式で作られる記録であって、電子計算機による情報処理の用に供されるものをいう。以下同じ。）によってされたときは、その合意は、書面によってされたものとみなして、前3項の規定を適用する。
5　前項の規定は、第1項第3号の通知について準用する。

（承認による時効の更新）
第152条　時効は、権利の承認があったときは、その時から新たにその進行を始める。
2　前項の承認をするには、相手方の権利についての処分につき行為能力の制限を受けていないこと又は権限があることを要しない。

（時効の完成猶予又は更新の効力が及ぶ者の範囲）
第153条　第147条又は第148条の規定による時効の完成猶予又は更新は、完成猶予又は更新の事由が生じた当事者及びその承継人の間においてのみ、その効力を有する。
2　第149条から第151条までの規定による時効の完成猶予は、完成猶予の事由が生じた当事者及びその承継人の間においてのみ、その効力を有する。
3　前条の規定による時効の更新は、更新の事由が生じた当事者及びその承継人の間においてのみ、その効力を有する。

第154条　第148条第1項各号又は第149条各号に掲げる事由に係る手続は、時効の利益を受ける者に対してしないときは、その者に通知をした後でなければ、第148条又は第149条の規定による時効の完成猶予又は更新の効力を生じない。

第155条　削除
第156条　削除
第157条　削除

（未成年者又は成年被後見人と時効の完成猶予）
第158条　時効の期間の満了前6箇月以内の間に未成年者又は成年被後見人に法定代理人がないときは、その未成年者若しくは成年被後見人が行為能力者となった時又は法定代理人が就職した時から6箇月を経過するまでの

間は、その未成年者又は成年被後見人に対して、時効は、完成しない。
2　未成年者又は成年被後見人がその財産を管理する父、母又は後見人に対して権利を有するときは、その未成年者若しくは成年被後見人が行為能力者となった時又は後任の法定代理人が就職した時から6箇月を経過するまでの間は、その権利について、時効は、完成しない。

（夫婦間の権利の時効の完成猶予）
第159条　夫婦の一方が他の一方に対して有する権利については、婚姻の解消の時から6箇月を経過するまでの間は、時効は、完成しない。

（相続財産に関する時効の完成猶予）
第160条　相続財産に関しては、相続人が確定した時、管理人が選任された時又は破産手続開始の決定があった時から6箇月を経過するまでの間は、時効は、完成しない。

（天災等による時効の完成猶予）
第161条　時効の期間の満了の時に当たり、天災その他避けることのできない事変のため第147条第1項各号又は第148条第1項各号に掲げる事由に係る手続を行うことができないときは、その障害が消滅した時から3箇月を経過するまでの間は、時効は、完成しない。

＊　　　＊　　　＊

（債権等の消滅時効）
第166条　債権は、次に掲げる場合には、時効によって消滅する。
　一　債権者が権利を行使することができることを知った時から5年間行使しないとき。
　二　権利を行使することができる時から10年間行使しないとき。
2　債権又は所有権以外の財産権は、権利を行使することができる時から20年間行使しないときは、時効によって消滅する。
3　前2項の規定は、始期付権利又は停止条件付権利の目的物を占有する第三者のために、その占有の開始の時から取得時効が進行することを妨げない。ただし、権利者は、その時効を更新するため、いつでも占有者の承認を求めることができる。

（人の生命又は身体の侵害による損害賠償請求権の消滅時効）
第167条　人の生命又は身体の侵害による損害賠償請求権の消滅時効についての前条第1項第2号の規定の適用については、同号中「10年間」とあるのは、「20年間」とする。

（定期金債権の消滅時効）

第168条　定期金の債権は、次に掲げる場合には、時効によって消滅する。
　一　債権者が定期金の債権から生ずる金銭その他の物の給付を目的とする各債権を行使することができることを知った時から10年間行使しないとき。
　二　前号に規定する各債権を行使することができる時から20年間行使しないとき。
２　定期金の債権者は、時効の更新の証拠を得るため、いつでも、その債務者に対して承認書の交付を求めることができる。

（判決で確定した権利の消滅時効）

第169条　確定判決又は確定判決と同一の効力を有するものによって確定した権利については、10年より短い時効期間の定めがあるものであっても、その時効期間は、10年とする。
２　前項の規定は、確定の時に弁済期の到来していない債権については、適用しない。

＊　　＊　　＊

（法定利率）

第404条　利息を生ずべき債権について別段の意思表示がないときは、その利率は、その利息が生じた最初の時点における法定利率による。
２　法定利率は、年３パーセントとする。
３　前項の規定にかかわらず、法定利率は、法務省令で定めるところにより、３年を一期とし、一期ごとに、次項の規定により変動するものとする。
４　各期における法定利率は、この項の規定により法定利率に変動があった期のうち直近のもの（以下この項において「直近変動期」という。）における基準割合と当期における基準割合との差に相当する割合（その割合に１パーセント未満の端数があるときは、これを切り捨てる。）を直近変動期における法定利率に加算し、又は減算した割合とする。
５　前項に規定する「基準割合」とは、法務省令で定めるところにより、各期の初日の属する年の６年前の年の１月から前々年の12月までの各月における短期貸付けの平均利率（当該各月において銀行が新たに行った貸付け（貸付期間が１年未満のものに限る。）に係る利率の平均をいう。）の合計を60で除して計算した割合（その割合に0.1パーセント未満の端数がある

ときは、これを切り捨てる。）として法務大臣が告示するものをいう。

＊　　　＊　　　＊

(受領遅滞)
第413条　債権者が債務の履行を受けることを拒み、又は受けることができない場合において、その債務の目的が特定物の引渡しであるときは、債務者は、履行の提供をした時からその引渡しをするまで、自己の財産に対するのと同一の注意をもって、その物を保存すれば足りる。
2　債権者が債務の履行を受けることを拒み、又は受けることができないことによって、その履行の費用が増加したときは、その増加額は、債権者の負担とする。

(履行遅滞中又は受領遅滞中の履行不能と帰責事由)
第413条の2　債務者がその債務について遅滞の責任を負っている間に当事者双方の責めに帰することができない事由によってその債務の履行が不能となったときは、その履行の不能は、債務者の責めに帰すべき事由によるものとみなす。
2　債権者が債務の履行を受けることを拒み、又は受けることができない場合において、履行の提供があった時以後に当事者双方の責めに帰することができない事由によってその債務の履行が不能となったときは、その履行の不能は、債権者の責めに帰すべき事由によるものとみなす。

＊　　　＊　　　＊

(債務不履行による損害賠償)
第415条　債務者がその債務の本旨に従った履行をしないとき又は債務の履行が不能であるときは、債権者は、これによって生じた損害の賠償を請求することができる。ただし、その債務の不履行が契約その他の債務の発生原因及び取引上の社会通念に照らして債務者の責めに帰することができない事由によるものであるときは、この限りでない。
2　前項の規定により損害賠償の請求をすることができる場合において、債権者は、次に掲げるときは、債務の履行に代わる損害賠償の請求をすることができる。
　一　債務の履行が不能であるとき。
　二　債務者がその債務の履行を拒絶する意思を明確に表示したとき。
　三　債務が契約によって生じたものである場合において、その契約が解除され、又は債務の不履行による契約の解除権が発生したとき。

（損害賠償の範囲）
第416条　債務の不履行に対する損害賠償の請求は、これによって通常生ずべき損害の賠償をさせることをその目的とする。
2　特別の事情によって生じた損害であっても、当事者がその事情を予見すべきであったときは、債権者は、その賠償を請求することができる。

（損害賠償の方法）
第417条　損害賠償は、別段の意思表示がないときは、金銭をもってその額を定める。

（中間利息の控除）
第417条の2　将来において取得すべき利益についての損害賠償の額を定める場合において、その利益を取得すべき時までの利息相当額を控除するときは、その損害賠償の請求権が生じた時点における法定利率により、これをする。
2　将来において負担すべき費用についての損害賠償の額を定める場合において、その費用を負担すべき時までの利息相当額を控除するときも、前項と同様とする。

（過失相殺）
第418条　債務の不履行又はこれによる損害の発生若しくは拡大に関して債権者に過失があったときは、裁判所は、これを考慮して、損害賠償の責任及びその額を定める。

（金銭債務の特則）
第419条　金銭の給付を目的とする債務の不履行については、その損害賠償の額は、債務者が遅滞の責任を負った最初の時点における法定利率によって定める。ただし、約定利率が法定利率を超えるときは、約定利率による。
2　前項の損害賠償については、債権者は、損害の証明をすることを要しない。
3　第1項の損害賠償については、債務者は、不可抗力をもって抗弁とすることができない。

（賠償額の予定）
第420条　当事者は、債務の不履行について損害賠償の額を予定することができる。
2　賠償額の予定は、履行の請求又は解除権の行使を妨げない。

3　違約金は、賠償額の予定と推定する。

＊　　　＊　　　＊

第539条の2　契約の当事者の一方が第三者との間で契約上の地位を譲渡する旨の合意をした場合において、その契約の相手方がその譲渡を承諾したときは、契約上の地位は、その第三者に移転する。

（解除権の行使）

第540条　契約又は法律の規定により当事者の一方が解除権を有するときは、その解除は、相手方に対する意思表示によってする。
2　前項の意思表示は、撤回することができない。

（催告による解除）

第541条　当事者の一方がその債務を履行しない場合において、相手方が相当の期間を定めてその履行の催告をし、その期間内に履行がないときは、相手方は、契約の解除をすることができる。ただし、その期間を経過した時における債務の不履行がその契約及び取引上の社会通念に照らして軽微であるときは、この限りでない。

（催告によらない解除）

第542条　次に掲げる場合には、債権者は、前条の催告をすることなく、直ちに契約の解除をすることができる。
　一　債務の全部の履行が不能であるとき。
　二　債務者がその債務の全部の履行を拒絶する意思を明確に表示したとき。
　三　債務の一部の履行が不能である場合又は債務者がその債務の一部の履行を拒絶する意思を明確に表示した場合において、残存する部分のみでは契約をした目的を達することができないとき。
　四　契約の性質又は当事者の意思表示により、特定の日時又は一定の期間内に履行をしなければ契約をした目的を達することができない場合において、債務者が履行をしないでその時期を経過したとき。
　五　前各号に掲げる場合のほか、債務者がその債務の履行をせず、債権者が前条の催告をしても契約をした目的を達するのに足りる履行がされる見込みがないことが明らかであるとき。
2　次に掲げる場合には、債権者は、前条の催告をすることなく、直ちに契約の一部の解除をすることができる。
　一　債務の一部の履行が不能であるとき。

二　債務者がその債務の一部の履行を拒絶する意思を明確に表示したとき。

(債権者の責めに帰すべき事由による場合)
第543条　債務の不履行が債権者の責めに帰すべき事由によるものであるときは、債権者は、前２条の規定による契約の解除をすることができない。

(解除権の不可分性)
第544条　当事者の一方が数人ある場合には、契約の解除は、その全員から又はその全員に対してのみ、することができる。
2　前項の場合において、解除権が当事者のうちの一人について消滅したときは、他の者についても消滅する。

(解除の効果)
第545条　当事者の一方がその解除権を行使したときは、各当事者は、その相手方を原状に復させる義務を負う。ただし、第三者の権利を害することはできない。
2　前項本文の場合において、金銭を返還するときは、その受領の時から利息を付さなければならない。
3　第１項本文の場合において、金銭以外の物を返還するときは、その受領の時以後に生じた果実をも返還しなければならない。
4　解除権の行使は、損害賠償の請求を妨げない。

(契約の解除と同時履行)
第546条　第533条の規定は、前条の場合について準用する。

(催告による解除権の消滅)
第547条　解除権の行使について期間の定めがないときは、相手方は、解除権を有する者に対し、相当の期間を定めて、その期間内に解除をするかどうかを確答すべき旨の催告をすることができる。この場合において、その期間内に解除の通知を受けないときは、解除権は、消滅する。

(解除権者の故意による目的物の損傷等による解除権の消滅)
第548条　解除権を有する者が故意若しくは過失によって契約の目的物を著しく損傷し、若しくは返還することができなくなったとき、又は加工若しくは改造によってこれを他の種類の物に変えたときは、解除権は、消滅する。ただし、解除権を有する者がその解除権を有することを知らなかったときは、この限りでない。

　　　　　＊　　　＊　　　＊

（委任）
第643条　委任は、当事者の一方が法律行為をすることを相手方に委託し、相手方がこれを承諾することによって、その効力を生ずる。
（受任者の注意義務）
第644条　受任者は、委任の本旨に従い、善良な管理者の注意をもって、委任事務を処理する義務を負う。
（復受任者の選任等）
第644条の２　受任者は、委任者の許諾を得たとき、又はやむを得ない事由があるときでなければ、復受任者を選任することができない。
２　代理権を付与する委任において、受任者が代理権を有する復受任者を選任したときは、復受任者は、委任者に対して、その権限の範囲内において、受任者と同一の権利を有し、義務を負う。
（受任者による報告）
第645条　受任者は、委任者の請求があるときは、いつでも委任事務の処理の状況を報告し、委任が終了した後は、遅滞なくその経過及び結果を報告しなければならない。
（受任者による受取物の引渡し等）
第646条　受任者は、委任事務を処理するに当たって受け取った金銭その他の物を委任者に引き渡さなければならない。その収取した果実についても、同様とする。
２　受任者は、委任者のために自己の名で取得した権利を委任者に移転しなければならない。
（受任者の金銭の消費についての責任）
第647条　受任者は、委任者に引き渡すべき金額又はその利益のために用いるべき金額を自己のために消費したときは、その消費した日以後の利息を支払わなければならない。この場合において、なお損害があるときは、その賠償の責任を負う。
（受任者の報酬）
第648条　受任者は、特約がなければ、委任者に対して報酬を請求することができない。
２　受任者は、報酬を受けるべき場合には、委任事務を履行した後でなければ、これを請求することができない。ただし、期間によって報酬を定めたときは、第624条第２項の規定を準用する。

3　受任者は、次に掲げる場合には、既にした履行の割合に応じて報酬を請求することができる。
　一　委任者の責めに帰することができない事由によって委任事務の履行をすることができなくなったとき。
　二　委任が履行の中途で終了したとき。
（成果等に対する報酬）
第648条の2　委任事務の履行により得られる成果に対して報酬を支払うことを約した場合において、その成果が引渡しを要するときは、報酬は、その成果の引渡しと同時に、支払わなければならない。
2　第634条の規定は、委任事務の履行により得られる成果に対して報酬を支払うことを約した場合について準用する。
（受任者による費用の前払請求）
第649条　委任事務を処理するについて費用を要するときは、委任者は、受任者の請求により、その前払をしなければならない。
（受任者による費用等の償還請求等）
第650条　受任者は、委任事務を処理するのに必要と認められる費用を支出したときは、委任者に対し、その費用及び支出の日以後におけるその利息の償還を請求することができる。
2　受任者は、委任事務を処理するのに必要と認められる債務を負担したときは、委任者に対し、自己に代わってその弁済をすることを請求することができる。この場合において、その債務が弁済期にないときは、委任者に対し、相当の担保を供させることができる。
3　受任者は、委任事務を処理するため自己に過失なく損害を受けたときは、委任者に対し、その賠償を請求することができる。
（委任の解除）
第651条　委任は、各当事者がいつでもその解除をすることができる。
2　前項の規定により委任の解除をした者は、次に掲げる場合には、相手方の損害を賠償しなければならない。ただし、やむを得ない事由があったときは、この限りでない。
　一　相手方に不利な時期に委任を解除したとき。
　二　委任者が受任者の利益（専ら報酬を得ることによるものを除く。）をも目的とする委任を解除したとき。
（委任の解除の効力）

第652条　第620条の規定は、委任について準用する。
（委任の終了事由）
第653条　委任は、次に掲げる事由によって終了する。
　一　委任者又は受任者の死亡
　二　委任者又は受任者が破産手続開始の決定を受けたこと。
　三　受任者が後見開始の審判を受けたこと。
（委任の終了後の処分）
第654条　委任が終了した場合において、急迫の事情があるときは、受任者又はその相続人若しくは法定代理人は、委任者又はその相続人若しくは法定代理人が委任事務を処理することができるに至るまで、必要な処分をしなければならない。
（委任の終了の対抗要件）
第655条　委任の終了事由は、これを相手方に通知したとき、又は相手方がこれを知っていたときでなければ、これをもってその相手方に対抗することができない。
（準委任）
第656条　この節の規定は、法律行為でない事務の委託について準用する。

　　　　　　　　　＊　　＊　　＊

（不法行為による損害賠償請求権の消滅時効）
第724条　不法行為による損害賠償の請求権は、次に掲げる場合には、時効によって消滅する。
　一　被害者又はその法定代理人が損害及び加害者を知った時から3年間行使しないとき。
　二　不法行為の時から20年間行使しないとき。
（人の生命又は身体を害する不法行為による損害賠償請求権の消滅時効）
第724条の2　人の生命又は身体を害する不法行為による損害賠償請求権の消滅時効についての前条第1号の規定の適用については、同号中「3年間」とあるのは、「5年間」とする。

■改正消費者契約法（平成29年法律第45号）（抜粋）

（事業者の損害賠償の責任を免除する条項の無効）
第8条　次に掲げる消費者契約の条項は、無効とする。
　一　事業者の債務不履行により消費者に生じた損害を賠償する責任の全部を免除する条項
　二　事業者の債務不履行（当該事業者、その代表者又はその使用する者の故意又は重大な過失によるものに限る。）により消費者に生じた損害を賠償する責任の一部を免除する条項
　三　消費者契約における事業者の債務の履行に際してされた当該事業者の不法行為により消費者に生じた損害を賠償する責任の全部を免除する条項
　四　消費者契約における事業者の債務の履行に際してされた当該事業者の不法行為（当該事業者、その代表者又はその使用する者の故意又は重大な過失によるものに限る。）により消費者に生じた損害を賠償する責任の一部を免除する条項
2　前項第1号又は第2号に掲げる条項のうち、消費者契約が有償契約である場合において、引き渡された目的物が種類又は品質に関して契約の内容に適合しないとき（当該消費者契約が請負契約である場合には、請負人が種類又は品質に関して契約の内容に適合しない仕事の目的物を注文者に引き渡したとき（その引渡しを要しない場合には、仕事が終了した時に仕事の目的物が種類又は品質に関して契約の内容に適合しないとき。）。以下この項において同じ。）に、これにより消費者に生じた損害を賠償する事業者の責任を免除するものについては、次に掲げる場合に該当するときは、同項の規定は、適用しない。
　一　当該消費者契約において、引き渡された目的物が種類又は品質に関して契約の内容に適合しないときに、当該事業者が履行の追完をする責任又は不適合の程度に応じた代金若しくは報酬の減額をする責任を負うこととされている場合
　二　当該消費者と当該事業者の委託を受けた他の事業者との間の契約又は当該事業者と他の事業者との間の当該消費者のためにする契約で、当該

消費者契約の締結に先立って又はこれと同時に締結されたものにおいて、引き渡された目的物が種類又は品質に関して契約の内容に適合しないときに、当該他の事業者が、その目的物が種類又は品質に関して契約の内容に適合しないことにより当該消費者に生じた損害を賠償する責任の全部若しくは一部を負い、又は履行の追完をする責任を負うこととされている場合

＊　　＊　　＊

（消費者の利益を一方的に害する条項の無効）
第10条　消費者の不作為をもって当該消費者が新たな消費者契約の申込み又はその承諾の意思表示をしたものとみなす条項その他の法令中の公の秩序に関しない規定の適用による場合に比して消費者の権利を制限し又は消費者の義務を加重する消費者契約の条項であって、民法第１条第２項に規定する基本原則に反して消費者の利益を一方的に害するものは、無効とする。

索 引

あ

意思能力	15,57,165
意思無能力	59,60
一部解除	115
委任	7
委任の終了事由	29
委任の終了の対抗要件	31
請負	12
援用	66

か

解除	107
解除の効果	119
確定的履行拒絶	91
瑕疵ある意思表示	36,38
果実	120,121
過失相殺	99,105
管轄裁判所	194
完成猶予	72,76,77,78
危険の移転	127
帰責事由	117,127
客観的起算点	64,65
協議	79,81
強迫	36,62
業務実施者	197
継続的契約	11
契約上の地位の移転	128
契約の無効	58

合意解除	118
行為能力	39,40
更新	72,76,77,78
雇用	12

さ

催告	79,110
催告解除	107
債務の履行に代わる損害賠償	89
債務不履行による損害賠償	88,89
詐欺	36,62
錯誤	36,62
自己契約	42,43,44
自己執行義務	140,184
自己の財産に対するのと同一の注意	123
主観的起算点	64
受領遅滞	122
準委任	7
商事消滅時効	64
商事法定利率	83
譲渡禁止条項	194
承認	71,80
消費者契約法	21
消滅時効	63
除斥期間	70
成果完成型	146,147
制限行為能力者	39,40,41,57,61
誠実協議義務	195

善管注意義務	17	秘密保持	182
善処義務	30	表見代理	48,49,50
善良な管理者の注意	17,123	費用償還請求権	26
増加費用	125	費用前払請求権	25
双方代理	42,43,44	不可抗力	85,193
損害	96,157	不可抗力条項	193
損害賠償請求権	27	復受任者	129
損害賠償の範囲	95,97	報告義務	19

た

		報酬	146
代弁済請求権	27	法定果実	120
代理	35	法定代理人	40
代理権の濫用	45	法定利率	82
諾成契約	9	保存義務	122

ま

短期消滅時効	67,68	民事消滅時効	64
遅延損害金	84,86,197	民事法定利率	83
遅延利息	84	無権代理人の責任	54,55
中間利息控除	87	無催告解除	112
中断	76,77	無償契約	9
追認	54,61		

や

通常損害	98	やむを得ない事由	158
定期金債権	69,70		

ら

定期行為	113	利益相反行為	43,44
停止	76,78	履行拒絶	90
天然果実	120	履行遅滞	93
填補賠償	89	履行不能	89,113,115,127
特別損害	98	履行補助者	116,129,143

な

任意解除権	156	履行割合型	146,150

は

賠償額の予定	102
反社排除条項	186
引渡義務	20

■ 執筆者代表

中西 敏彰（なかにし・としあき）

弁護士

2000年司法試験合格、2001年京都大学法学部卒業、2002年司法修習修了（第55期）、弁護士登録（大阪弁護士会）、同年北浜法律事務所入所、2009年パートナーに就任。

■ 執筆者

橋本 道成（はしもと・みちしげ）

弁護士

2004年東京大学法学部卒業、2006年九州大学法科大学院修了、同年司法試験合格、2007年司法修習修了（第60期）、弁護士登録（福岡県弁護士会）、同年弁護士法人北浜法律事務所福岡事務所入所、2017年如水法律事務所設立。

美馬 拓也（みま・たくや）

弁護士

2009年京都大学法学部卒業、2011年京都大学法科大学院修了、同年司法試験合格、2012年司法修習修了（第65期）、弁護士登録（大阪弁護士会）、同年北浜法律事務所入所、2016年西村あさひ法律事務所（第二東京弁護士会）入所。

太田 慎也（おおた・しんや）

弁護士

2010年京都大学法学部卒業、2012年京都大学法科大学院修了、同年司法試験合格、2013年司法修習修了（第66期）、弁護士登録（大阪弁護士会）、同年北浜法律事務所入所。

金水 孝真（きんすい・たかまさ）

弁護士

2010年京都大学法学部卒業、2012年京都大学法科大学院修了、同年司法試験合格、2013年司法修習修了（第66期）、弁護士登録（大阪弁護士会）、同年北浜法律事務所入所、2017年清和法律事務所（大阪弁護士会）入所。

酒井 裕（さかい・ゆたか）

弁護士

2009年神戸大学経営学部卒業、2012年一橋大学法科大学院修了、同年司法試験合格、2013年司法修習修了（第66期）、弁護士登録（東京弁護士会）、同年北浜法律事務所入所、2018年民間企業入社。

民法（債権関係）改正で見直す
士業者のための実は危険な委任契約・顧問契約

2018年2月7日　発行

編　者　北浜法律事務所 ©

発行者　小泉　定裕

発行所　株式会社 清文社

東京都千代田区内神田1-6-6（MIFビル）
〒101-0047　電話03(6273)7946　FAX03(3518)0299
大阪市北区天神橋2丁目北2-6（大和南森町ビル）
〒530-0041　電話06(6135)4050　FAX06(6135)4059
URL http://www.skattsei.co.jp/

印刷：亜細亜印刷㈱

■著作権法により無断複写複製は禁止されています。落丁本・乱丁本はお取り替えします。
■本書の内容に関するお問い合わせは編集部までFAX（03-3518-8864）でお願いします。
■本書の追録情報等は、当社ホームページ（http://www.skattsei.co.jp/）をご覧ください。

ISBN978-4-433-65197-8